얘들아,
새 보러 갈래?

작가소개

김은미 · 강창완 부부는 따뜻한 남쪽 섬 제주도에서 살고 있습니다. 아줌마는 새를 연구하고 아저씨는 자연다큐멘터리를 촬영합니다. 제주도는 사시사철 다양한 새를 만날 수 있는 곳이기 때문에 두 분은 일 년 내내 야외에서 새를 관찰하며 지냅니다. 그리고 다친 새를 만나면 집에서 나을 때까지 보살펴 주기도 하지요. 새를 관찰하면서 사람들이 새에 대해 너무도 모른다는 것을 알았답니다. 이해하게 되면 사랑하고 아끼는 마음이 생긴다고 믿는 부부는 새와 사람이 공존하는 아름다운 나라를 꿈꾸며 열심히 새를 알리고 있습니다.

일러두기

이 책에 표기한 종명, 신체 부위와 행동에 관한 용어, 새 관련 자료는 《한국의 새》(2005)와 《한국동식물도감(조류 생태)》(1981)을 참고했습니다. 이 책에 없는 이름은 일반적으로 통용되는 이름을 썼습니다.

새 아줌마가 들려주는 **재미있는 새 이야기**

얘들아,  새 보러 갈래?

글 김은미 | 사진 강창완

자연과 생태

새 아줌마가 들려 주는 재미있는 새 이야기

얘들아, 새 보러 갈래?

초판 1쇄 발행 | 2009년 12월 5일
초판 2쇄 발행 | 2011년 10월 24일
지은이 | 김은미 · 강창완
펴낸이 | 신경미
엮은이 | 자연과생태
꾸민이 | Moon&Park(dacida@hanmail.net)
다듬은이 | 김지영
도운이 | 강희만, 김영호, 김완병, 박진영, 지남준, 최종수, 최창용

펴낸곳 | 도서출판 필통
주소 | 서울시 중구 을지로3가 286-2 3층
전화 | 02) 2285-5852   **팩스** | 02) 2275-1882
등록 | 301-2009-162

엮은곳 | 자연과생태
주소 | 서울 마포구 구수동 68-8 진영빌딩 4층
전화 | 02) 701-7345~6   **팩스** | 02) 701-7347
등록 | 313-2007-217

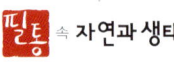 속 자연과 생태

ⓒ 김은미 · 강창완, 2009

■ 이 책의 저작권은 저자에게 있으며, 저작권자의 허가 없이 복제, 복사, 인용, 전제하는 행위는 법으로 금지되어 있습니다.
■ 이 책은 월간 《자연과생태》가 기획 · 진행하고, 도서출판 필통이 발행 · 판매하는 공동 출판물입니다.
■ 값은 뒤표지에 있습니다. 잘못된 책은 구입하신 곳에서 바꿔드립니다.

ISBN 978-89-963117-1-3 76490

새들아 사랑해!

아줌마가 어렸을 때 살던 집 앞마당에 감나무 한 그루가 있었어요. 할머니는 가을이 되어 감을 딸 때면 나무 꼭대기에 있는 감 서너 개는 꼭 남겨 두셨어요. 감이 먹고 싶어 따 달라고 조를라치면 할머니는 빙그레 웃으며 말씀하셨어요.

"저 감은 까치밥이란다. 사람만 맛나게 먹으면 되겠니? 새들도 먹을 걸 남겨둬야지."

겨울이 되면 직박구리와 동박새들이 날아와 감을 쪼아 먹었어요. 군침을 꼴깍 삼키며 바라볼 수밖에 없었죠. 한편으로는 약이 올랐지만 어린 마음에도 할머니의 따뜻한 마음이 느껴져 좋았던 기억이 나요.

우리 조상들은 가난해서 먹을 것이 넉넉하지 못해도 새를 위해 먹을 것을 남겨 둘 정도로 자연을 깊이 이해하고 배려하며, 자연과 더불어 살아왔어요. 이런 조상들 덕분에 오늘날 우리가 아름다운 새 소리를 들을 수 있고, 우거진 숲을 볼 수 있지요.

　새가 없어지든 말든 무슨 상관이냐고 말하는 사람들도 있어요. 자연을 이해하지 못해서 그렇게 말하는 거예요. 새는 살아 있는 그 자체로도 소중한 생명이지만, 새가 없어지면 생태계의 균형이 깨져 사람에게도 큰 영향을 끼친다는 걸 모르는 거죠.

　새는 생태계에서 중요한 역할을 하며, 사람에게 여러 가지로 도움을 주어요. 씨앗을 여기저기 퍼뜨려 나무와 풀을 자라게 해요. 또 벌레들을 잡아먹어 숲을 가꾸기도 하고, 농사에 도움을 주기도 해요. 그리고 우리의 마음을 풍요롭게 하는 면도 있어요. 아침에 눈을 떴을 때 지저귀는 새 소리, 물 위에서 헤엄치는 고니들, 노을 지는 하늘로 떼지어 날아가는 오리 무리…… 이런 아름다움이 없다면 우리가 사는 세상은 얼마나 삭막할까요? 그러니 새에 관심 갖고 보호하는 것은 바로 우리를 위한 거예요. 사람이 새와 더불어 살 수 있을 때 세상은 더욱 아름다워지고, 우리 얼굴에 웃음이 더 많아질 거예요.

　아줌마는 우리 나라가 새와 사람, 자연이 공존하는 아름다운 나라가 되길 바라요. 그것이 쉬운 일은 아니지만 가능하다고 봐요. 새가 그리고 자연이 건강하게 유지될 때 사람도 건강할 수 있다는 생각을 마음 속에 담아 두는 거죠. 여러분도 항상 간직하세요. 새와 자연은 소중하며, 그 속에서 우리가 행복해질 수 있다는 것을요.

새 아줌마 김은미

차례

새들아 사랑해! 5

하늘을 나는 멋쟁이, 새

새가 하늘을 날기까지 018
새의 생김새를 살펴봐요 020
우리 나라에 사는 새들 022
새 무리를 살펴봐요 024
아기 새가 태어나서 어른이 되기까지 026
새의 수명과 죽음 033

새 친구들

하늘의 제왕
맹금류_ 039

매 | 절벽에 집을 짓는 타고난 사냥꾼 040
물수리 | 나는 물고기가 제일 맛있더라 044
항라머리검독수리 | 허리에 흰 띠를 두른 멋쟁이 사냥꾼 048
말똥가리 | 날개에 말똥 무늬가 있어요 052
소쩍새 | 솥이 작아 '소쩍' 하고 운대요 056
다양한 맹금류 060
그 밖의 맹금류 062

나, 새 맞아? 물 속이 편해요
잠수를 잘하는 무리_ 069

논병아리 | 알 숨기기의 명수 070
가마우지 | 기름이 부족해 074
댕기흰죽지 | 내 댕기 머리 멋지지? 078
물닭 | 내가 왜 닭인지 누가 좀 알려 주세요 082
바다쇠오리 | 물 속에서도 날 수 있어요 086
잠수는 어떻게 하나요? 089
그 밖의 잠수를 잘하는 무리 091

오리발 가지고 물놀이 갈래?
오리 무리_ 097

원앙 | 정말 부부 금슬이 좋을까? 098
흰뺨검둥오리 | 아줌마는 오리 엄마래요 102
혹부리오리 | 혹부리 영감이 부러워요 106
알락오리 | 배가 고파 겨울 나기 힘들어요 110
다양한 오리들의 습성 114
그 밖의 오리 무리 116

떼로 몰려다니면 겁날 게 없어요
물떼새 무리_ 121

댕기물떼새 | 깨끗하게 씻어 먹어야 탈이 없죠 122
큰물떼새 | 잠깐 쉬었다 가야지 126
장다리물떼새 | 빨간 젓가락 한 쌍이 걸어갑니다 130
꼬마물떼새 | 이 한 몸 망가져 새끼를 구할 수 있다면 134
그 밖의 물떼새 무리 138

우리가 얼마만큼 멀리 나는지 모르죠?
도요새 무리_ 141

좀도요 | 작고 귀여운 너는 누구냐? 142
민물도요 | 민물도요는 민물에서만 살까? 146
세가락도요 | 나 어디서 왔게? 150
청다리도요 | 잊을 수 없는 도요 154
삑삑도요 | 겨울에 나를 찾아보세요 158
꺅도요 | '꺅' 소리를 내며 줄행랑치는 도요 162
장거리 여행은 내게 맡겨 주세요! 166
그 밖의 도요 무리 167

숫자 3은 무얼까 맞혀 봐요
갈매기 무리_ 177

괭이갈매기 | 살아남기 위한 맹훈련, 떨어뜨린 돌멩이 잡기 178
재갈매기 | 낚싯바늘이 무서워요 182
구레나룻제비갈매기 | 누가 이름을 붙인 거야?
　　　　　　　　　　난 구레나룻이 없는데…… 186
그 밖의 갈매기 무리 190

우리 동네 명가수
소리가 예쁜 새들_ 195

굴뚝새 | 귀염둥이 성악가   196
딱새 | 신발장은 내 고향   200
박새 | 집배원 아저씨, 편지 왔어요?   204
동박새 | 동백꽃 꿀을 좋아해 동박새랍니다   208
멧새 | 둥지를 지키기 위한 어미 새의 속임수   212
그 밖의 멧새 무리   216

방울새 | 내 둥지를 돌려 줘   220
울새 | 꼭꼭 숨어라, 머리 깃털 보인다   224
황금새 | 황금으로 만들어졌나?   228
휘파람새 | 휘파람 소리가 계절에 따라 달라요   232
그 밖의 목소리가 예쁜 무리   236

음치들의 대행진
소리가 엉망인 새들_ 243

쇠백로 | 다리를 떨면 먹이가 보인다?   244
그 밖의 백로들   248

꿩 | 아빠, 도대체 엄마가 몇이에요?   250
멧비둘기 | 더도 말고 덜도 말고 두 개만   254
직박구리 | 어디에서나 흔한 놈이라지?   258

때까치 | 도마뱀 꼬치를 먹어 볼까나? 262
그 밖의 때까치 무리 266

어치 | 도토리를 어디에 두었더라…… 268
까치 | 이제는 반갑지 않은 까치설날 272
파랑새 | 상상과 현실은 너무나 달랐어요 276
호랑지빠귀 | 새벽녘에 들리는 피리 소리 280
떼까마귀 | 고향으로 날 보내 줘요 284
그 밖의 목소리가 엉망인 무리 288

아빠 사랑으로 자란답니다
수컷이 새끼를 기르는 새들_ 293

호사도요 | 아빠가 엄마예요? 294
물꿩 | 이제는 손님이 아니랍니다 298

나 찾아봐라!
위장의 명수들_ 303

흑로 | 까만 바위에 있으면 아무도 나를 못 찾지롱 304
알락해오라기 | 숨은 그림 찾기 308
그 밖의 해오라기들 312

쏙독새 | 둥지도 없이 맨땅에 알을 낳다니 314

땅 밟기가 싫어요
비행의 명수들_ 319

쏙독새 | 쿵! 무슨 소리일까요? 320
칼새 | 하늘에서 사랑을 나눠요 324
제비 | 그 많던 제비는 다 어디로 갔을까? 328
큰군함조 | 아줌마와 큰군함조의 비린내 나는 동거 332
그 밖의 비행을 잘하는 새들 336

개성이 강한 친구들만 모았어요
그 밖의 새들_ 339

큰오색딱다구리 | 나는야, 나무 타기의 선수 340
쇠기러기 | 근무 중 이상 무! 344
황로 | 먹이 농사를 소에서 트랙터로 바꿨어요 348
쇠물닭 | 대머리 아저씨를 닮은 새끼들 352
물총새 | 물총으로 물고기를 낚을까요? 356
개개비사촌 | 실패해도 또 낳으면 돼요 360
찌르레기 | 연통에서 연기가 나는 게 나 때문이야, 그런 거야? 364
그 밖의 개성 강한 새들 368

다음에 또 볼 수 있을까?
멸종위기새들_ 375

황새 | 옛날에는 논에서 아주 흔하게 살았답니다   376
가창오리 | 우리의 춤을 세계에서 보러 온다죠?   380
재두루미 | 가족과 함께 겨울을 지내요   384
흑두루미 | 고향에 가다가 잠시 들렀어요   388
넓적부리도요 | 부리 끝이 숟가락을 닮았어요   392
팔색조 | 예쁜 새 뽑기 대회는 없나요?   396
두견이 | 얌체 엄마의 새끼 기르기   400
저어새 | 부리로 저어 물고기를 잡아요   404
삼광조 | 나뭇가지에 깔때기가 달렸네   408
사라져 가는 새들   412
그 밖의 멸종위기새들   415

찾아보기   419

새 아줌마가 들려 주는 재미있는 새 이야기
얘들아, 새 보러 갈래?

하늘을 나는 멋쟁이, 새

새가 하늘을 날기까지

새의 생김새를 살펴봐요

우리 나라에 사는 새들

새 무리를 살펴봐요

아기 새가 태어나서 어른이 되기까지

새의 수명과 죽음

새가 하늘을 날기까지

　지구에 사는 생물의 종류는 헤아릴 수 없을 만큼 많아요. 하지만 하늘을 자유로이 날 수 있는 생물은 곤충과 새뿐이지요. 곤충은 몸집이 작고 몸 속에 뼈가 없어 아주 가벼워요. 그래서 나는 데 유리하지요. 새는 곤충보다 몸집도 크고 몸 속에 뼈가 있어요. 그런 새가 어떻게 하늘을 잘 날 수 있는지 궁금하지 않으세요?
　새가 처음부터 하늘을 날 수 있었던 것은 아니에요. 아주 오랜 세월 동안 진화를 거듭하여 비로소 날게 된 거랍니다. 진화의 가장 중요한 목적은 하늘을 날기 위해 몸무게를 줄이는 일이었어요. 새가 진화하며 몸무게를 어떻게 줄였는지 살펴볼까요?
　크기가 똑같은 새와 포유류의 뼈를 비교해 보면 무게 차이가 많이 나요. 물론 새 뼈가 가볍지요. 새 뼈의 속이 비어 있기 때문인데, 이는 몸무게를 가볍게 하기 위해 진화한 결과예요. 몸무게를 줄이기 위해 뼈를 깎는 노력을 한 거지요. 아니, 뼈를 비우는 진화를 한 거네요.
　새의 부리에는 이가 없어요. 딱딱한 것을 부수려면 이도 단단해야 하지만 무엇보다 힘센 턱이 필요해요. 새는 몸무게를 줄이기 위해 무게가 많이 나가는 이와 턱을 없애고, 몸 속에 근육질로 된 모래주머니를 만들어 이가 하는 일을 대신하게 했어요.
　새는 몸 속에 공기주머니가 있어요. 몸을 가볍게 하기 위한 진화 과정에서 생긴 공기주머니는 몸을 가볍게 하는 것 말고 또 다른 기능을 해요. 사람은 숨을 쉴 때 들이마신 공기에서 산소를 일부만 사용하고 대부분 내쉬는 숨으로 내보내죠. 하지만 새는 들이마신 공기를 공기주머니에 담아 두고 산소를 모두 사용한 다음 내보내요. 새가 하늘을 날 때는 많은 에너지가 필요한데, 산소를 효과적으로 흡수해서 필요한 에너지를 만드는 거예요. 공기주머니는 새에게 일석이조네요.

새는 때와 장소를 가리지 않고 똥을 싸요. 참 버릇없고 고약한 녀석이죠. 하지만 새에게는 어쩔 수 없는 일이에요. 똥을 그때 그때 몸 밖으로 내보내지 않으면 몸이 무거워져서 잘 날 수가 없거든요. 새똥을 맞아 본 적이 있나요? 그렇다고 너무 기분 나빠 하지는 마세요. 사람이 새똥을 맞을 확률은 극히 낮기 때문에 새똥을 맞으면 운이 좋다는 얘기도 있어요. 몸을 가볍게 하기 위해 그렇게 진화한 것이니 너그러이 용서해 주자고요.

새는 사람보다 체온이 높아요. 몸에 난 깃털로 체온을 유지하죠. 새의 몸에 난 깃털은 가벼우면서도 보온성이 아주 뛰어나요. 옷도 집도 없이 체온을 유지하며 하늘을 날 수 있는 것은 깃털이 있기 때문이에요. 그래서 사람들은 가볍고 따뜻한 오리 털로 옷을 만들어 입기도 해요.

새는 알을 낳아 번식을 해요. 어미 새가 알을 낳아 품으면 알 속에서 새끼가 자라 껍데기를 깨고 나오지요. 새가 사람처럼 새끼를 뱃속에 넣고 다닌다면 몸이 무거워서 날 수 없을 거예요. 알을 낳기 때문에 번식기에도 몸을 가볍게 할 수 있지요.

몸도 가벼워지고 온몸이 깃털로 덮여 하늘을 자유롭게 날아다닐 준비가 다 되었어요. 하지만 날개에 힘이 없다면 날 수 있을까요? 새는 날개 근육이 엄청 발달했는데, 이것도 중요한 진화 과정 가운데 하나랍니다.

새의 생김새를 살펴봐요

　새는 사람과 생김새가 아주 많이 달라요. 그래서 새의 여러 부위를 나타내는 이름이 이상하게 들릴 수도 있어요. 새의 부위별 이름과 하는 일을 사람과 비교하며 살펴봐요.
　새의 입은 부리라고 해요. 사람이 입으로 음식물을 먹듯이 새는 부리로 먹이를 먹어요. 사람의 입에는 이가 있어 딱딱하거나 삼키기 힘든 음식을 잘게 부수지만, 새의 부리 안에는 이가 없어요. 대신 새에게는 사람의 이와 비슷한 기능을 하는 모래주머니가 있지요. 어느 새들은 모래주머니 안에 모래나 작은 돌멩이가 있어 먹이를 부수는 데 도움이 되기도 해요.
　부리 위쪽에 있는 구멍 두 개는 콧구멍이에요. 사람이 코로 공기를 들이마시듯 새들도 공기를 들이마셔요. 사람 코는 공기를 들이마시는 것 외에 냄새 맡는 일을 하지만, 새들은 대부분 코로 냄새를 잘 맡지 못해요.
　새도 사람과 마찬가지로 눈이 둘이에요. 새들은 먹이를 찾거나 위험을 판단하는 데 시각을 많이 이용해요. 사람 눈에는 보이지 않을 만큼 먼 곳에 있는 먹이를 발견하고 사냥하는 것을 보면 시력이 정말 좋은가 봐요.
　새의 귀를 본 적이 있나요? 아마 없을 거예요. 눈 뒤쪽 약간 밑에 있는데 깃털에 가려서 보이지 않거든요. 깃털을 뽑았을 때야 비로소 보이죠. 가끔 소쩍새 같은 야행성 맹금류 뒷머리에 솟은 깃털을 귀라고 착각하는 사람도 있는데, 이는 귀가 아니고 깃털일 뿐이랍니다.

　새에게는 하늘을 나는 데 가장 중요한 날개가 있어요. 날개는 하늘을 나는 것 외에도 여러 가지 다른 기능을 해요. 날개를 퍼덕여 적을 위협하기도 하고, 사랑하는 짝을 찾기 위해 춤을 출 때도 날개를 사용하지요. 또 날개를 펴서 그늘을 만들어 먹이를 모여들게 하기도 하고, 알을 품기도 해요. 새가 날개로 하는 일이 많지요?

　새의 다리는 사람과 마찬가지로 두 개예요. 그런데 새와 사람의 다리는 완전히 반대랍니다. 사람은 무릎을 앞으로 굽히는데 새는 뒤로 굽히거든요. 새의 발가락은 보통 네 개예요. 간혹 발가락이 세 개인 새도 있는데, 이런 새의 이름에는 어김없이 '세가락'이라는 말이 붙어요. 새의 발가락은 사는 곳에 따라 생김새가 달라요. 숲 속에 사는 작은 산새는 발가락에 관절이 발달되어 가는 나뭇가지를 잘 잡고요, 물에 사는 오리 같은 새들은 물갈퀴가 있어 헤엄을 잘 쳐요.

새의 꼬리는 하늘을 날 때 중요한 구실을 해요. 새는 하늘을 날며 왼쪽과 오른쪽이나 위아래로 방향을 바꾸기도 하는데, 이 때 꼬리가 방향을 바꾸는 구실을 하거든요. 땅이나 물 위에 내려앉을 때 속도를 줄이는 구실도 한답니다.

그 밖의 부위에도 이름들이 있어요. 각 부위 이름을 모두 알 필요는 없지만 아는 것이 새들을 구별할 때 도움이 돼요.

우리 나라에 사는 새들

현재 우리 나라에서 관찰되는 새는 약 500종이에요. 최근 몇 년 사이 새를 보러 다니는 사람이 늘어나고, 새들의 이동 경로에 철새 연구 센터가 생기는 등 새를 보는 장소도 많아지면서 새로운 종들이 속속 발견되고 있어요.

우리 나라에는 텃새, 여름 철새, 겨울 철새, 나그네 새 그리고 길 잃은 새가 있어요.

텃새는 우리 나라 산과 바다가 아주 좋은가 봐요. 여러 나라를 이동하며 사는 철새와 달리 우리 나라에 터를 잡고 살거든요. 우리 나라에 사는 텃새는 모두 74종이에요.

여름 철새는 말 그대로 여름에 우리 나라를 찾아오는 새예요. 여름이 되면 동남아시아와 그 아래 남쪽 지역은 너무 더워서 새들이 번식하기에 적합하지 않아요. 그래서 시원하고 먹이가 풍부한 우리 나라에 찾아와 번식을 한답니다. 여름 철새는 62종이 관찰되고, 보통 4월부터 9월까지 우리 나라에 머물러요.

겨울 철새는 여름 철새와 반대로 겨울에 우리 나라를 찾아오는 새예요. 북극에 가까운 시베리아는 여름이 시원하고 먹이가 풍부해 새들이 번식하기에 적합해요. 하지만 시베리아의 겨울은 너무 추워서 모든 게 꽁꽁 얼어붙기 때문에 시베리아보다 따뜻한 우리 나라를 찾아와 겨울을 나고 이듬해 봄에 번식지인 시베리아로 돌아가지요. 우리 나라에 오는 겨울 철새는 122종이에요.

나그네 새는 우리 나라에 잠깐 들르는 새예요. 이 새들은 여름에 시베리아 등지에서 번식을 하고 동남아시아나 호주 등지에서 겨울을 나는데, 이동하는 길에 우리 나라에 잠깐 들렀다 간답니다. 이 새들은 먼 길을 쉬지 않고 날아왔기 때문에 무척이나 지치고, 몸에 저장한 영양분도 다 써 버린 상태예요. 그래서 우리 나라에 잠시 머물며 쉬고, 먹이를 먹어 영양분을 보충한 뒤에 떠난답니다. 짧게는 하루, 길게는 일주일 정도 머물다 가지요. 우리 나라에서 관찰된 나그네 새는 112종이에요.

마지막으로 길 잃은 새가 있어요. '미조(迷鳥)'라고도 하는데, 말 그대로 길을 잃고 떠도는 새예요. 태풍이나 기상 악화로 본래 살던 곳이나 이동 경로에서 벗어나 어쩔 수 없이 우리 나라에 온 새랍니다. 우리 나라에서 평생 한 번 볼까 말까 한 새죠. 지금까지 우리 나라에서는 130종이 관찰되었어요.

새 중에는 이 다섯 가지에 딱 맞아떨어지지 않는 종류도 있어요. 논병아리는 우리 나라에서 1년 내내 관찰되고 번식도 하거든요.

그런데 겨울이 되면 북쪽에서 번식을 끝낸 논병아리가 추위를 피해 우리 나라로 와 무리지어 겨울을 지내다 가기도 해요. 따라서 논병아리는 텃새이자 겨울 철새죠. 흰뺨검둥오리는 예전에 겨울 철새로 왔지만 여름에도 가지 않고 우리 나라 기후에 적응하며 살다가 번식까지 했고, 그 수가 점점 늘어나고 있어요. 그러니 흰뺨검둥오리도 겨울 철새이자 텃새인 셈이죠. 쇠물닭처럼 여름 철새로 왔다가 텃새가 된 경우도 있고, 흰날개해오라기처럼 길 잃은 새로 기록되었다가 나중에 번식한 것이 확인되어 여름 철새가 되기도 하죠. 이처럼 새들은 변하는 환경에 적응하며 나름대로 살아가는 법을 터득하고 있어요.

새 무리를 살펴봐요

새 무리는 사는 곳에 따라 크게 산새와 물새로 나눠요. 산새는 숲이나 농경지, 풀밭 등에 사는 새고, 물새는 물가나 바닷가에 사는 새지요. 하지만 그렇지 않은 것도 있어요. 물수리는 주로 물고기를 잡아먹기 때문에 거의 물가에서 생활하는데도 산새에 포함돼요. 물수리가 속하는 맹금류는 대부분 산새기 때문에 그냥 산새로 나눠요. 반대로 쇠부리도요는 풀밭에 살지만 도요·물떼새 무리에 속하기 때문에 물새로 나누지요.

산새와 물새는 종류에 따라 다시 열여덟 무리로 나눠요.

산새에는 열 무리가 있어요. 맹금류 중에는 낮에 주로 활동하는

매 무리, 수리부엉이와 쇠부엉이처럼 밤에 주로 활동하는 올빼미 무리가 있어요. 꿩과 메추라기처럼 땅 위에서 생활하는 닭 무리, 멧비둘기와 흑비둘기가 포함된 비둘기 무리도 있지요. 그 밖에 남의 둥지에 알을 낳는 습성이 있는 뻐꾸기가 속하는 두견이 무리, 밤에 활동하며 나방과 같은 곤충을 잡아먹는 쏙독새 무리, 거의 땅에 내려앉지 않고 하늘을 날아다니며 생활하는 칼새 무리, 총알처럼 잽싸게 물로 뛰어들어 물고기를 낚아채는 물총새와 호반새가 포함된 파랑새 무리, 나무 속에 있는 곤충을 잡아먹는 딱다구리 무리, 발가락 관절이 발달해 가는 나뭇가지나 풀에서도 잘 생활하는 참새 무리가 있어요.

  물새에는 여덟 무리가 있어요. 물고기를 잡기 위해 잠수를 잘하는 아비 무리, 수초를 쌓아 둥지를 만들고 둥지에서 나갈 때 알을 수초로 덮어 숨기는 논병아리 무리, 바다 위를 자유롭게 날아다니며 먹이를 찾는 슴새 무리, 몸집이 아주 크고 물 속에서도 먹이를 잘 쫓아다니는 사대새 무리, 부리가 길고 뾰족하며 목이 긴 황새 무리, 기러기와 오리가 포함된 기러기 무리, 세계적으로 희귀한 종들이 많이 포함된 두루미 무리, 계절에 따라 먼 거리를 날아다니며 사는 도요새와 갈매기가 속하는 도요 무리지요.

  이 열여덟 무리에서 새의 특징에 따라 더 많은 무리로 나누기도 한답니다.

아기 새가 태어나서 어른이 되기까지

보통 암컷은 깃털 색이 수수하고 눈에 잘 띄지 않아요. 알을 낳아 품을 때 적의 눈을 피하기 위해서예요. 하지만 특이하게 암컷의 깃털 색이 화려한 것도 있는데, 이런 새들은 십중팔구 암컷이 수컷 여러 마리와 짝짓기를 한답니다.

깃털이 아주 수수하고 눈에 잘 띄지 않아 위장색 구실까지 하는 암꿩(까투리)이에요.

수컷은 보통 깃털 색이 화려해요. 그리고 번식기가 되면 혹이 커지는 혹부리오리나 눈앞이 더 붉어지는 수꿩(장끼)처럼 암컷에게 잘 보이기 위해 특정 부위가 커지거나 색이 더 짙어져요.

위풍당당하고 화려한 수꿩이군요.

봄이 오면 새들은 번식을 하기 위해 바빠진답니다. 수컷들은 사랑을 얻기 위해 아름다운 소리로 지저귀고, 암컷에게 선물 공세를 하기도 하죠.

물꿩 한 쌍이 먹이를 찾는 모습이에요. 덩치가 큰 것이 암컷이고, 작은 것이 수컷이에요. 번식하기 위해 습지를 찾았군요.

암컷에게 잘 보여 사랑을 얻은 수컷은 암컷의 등에 올라타죠. 수컷은 암컷의 등에서 2~3초 만에 짝짓기를 끝내요. 암컷 등에 올라가 다리로 암컷의 등을 문지르면서 분위기를 잡는 수컷도 있어요. 이런 때는 1분 정도 걸리기도 하죠. 짝짓기 한 번으로는 수정이 되었는지 잘 알 수 없기 때문에 여러 번 짝짓기를 시도한답니다.

예쁜 알을 낳기 위해 물꿩 한 쌍이 짝짓기를 하네요.

짝짓기가 끝나면 암컷은 둥지에 수정된 알을 낳아요. 알을 낳는 알자리는 깨지기 쉬운 알을 보호하거나 보온을 위해 부드러운 풀 혹은 깃털을 깔아요. 오리들은 자신의 깃털을 뽑아서 알자리에 깔기도 하지요. 간혹 새끼가 떠난 둥지에 부화가 되지 않은 알이 남아 있는 경우가 있는데, 이것은 수정이 안 된 알이에요.

물꿩이 예쁜 초콜릿 색 알을 4개 낳았어요.

알을 낳으면 어미가 따뜻하게 품기 시작해요. 알을 품는 기간은 새의 종류에 따라 달라요. 몸집이 큰 맹금류는 한 달 이상 품는 경우가 많고, 작은 산새들은 열흘 정도 알을 품지요.

물꿩은 수컷이 알을 품어요.

어미가 알을 정성스럽게 품으면 새끼가 알을 깨고 나와요. 어떤 새끼들은 온몸에 아무것도 나지 않은 맨살에 눈도 뜨지 못한 상태로 나오기 때문에 어미가 2~3일 품고 체온을 유지해 줘요. 움직이지 못하니 어미가 부지런히 먹이를 잡아다 먹이죠. 어떤 새끼들은 알에서 깨어날 때 온몸에 솜털이 나 있어요. 알에서 깨어 1~2시간이 지나면 솜털이 마르는데, 솜털이 마르자마자 어미를 따라 걸어 다니며 먹이를 받아 먹는답니다.

물꿩 새끼가 알을 깨고 세상으로 나왔어요.

어미는 새끼를 위해 부지런히 먹이를 잡아다 먹이죠. 그리고 새끼가 싼 똥은 물어다 둥지에서 멀리 떨어진 곳에 버린답니다. 새끼 똥을 그냥 둥지에 두면 천적이 똥 냄새를 맡고 찾아와 새끼가 위험에 빠질 수도 있기 때문이에요.

큰유리새 수컷이 부지런히 새끼들을 먹이는 모습이에요.

　새끼들은 몸집이 커져 둥지가 비좁아질 때쯤이면 부지런히 날갯짓을 한답니다. 둥지를 떠날 준비를 하는 거죠. 어미는 새끼가 둥지를 떠날 때가 되었다고 생각하면 먹이를 갖다 주는 횟수를 줄이고 새끼가 밖으로 나오도록 먹이로 유인하거나 경계하는 소리를 냅니다. 둥지를 떠날 때가 되어도 날개가 완전히 성장하지 않았기 때문에 보통 둥지에서 아래나 옆으로 뛰어내린답니다.

두견이 새끼가 둥지를 떠나려고 해요.

둥지를 떠난 새끼들은 어미를 따라다니며 먹이를 받아 먹어요. 부지런히 날갯짓을 하며 어미를 따라다니는 것을 보면 안쓰럽기도 하고 대견하기도 해요. 어미는 새끼들에게 나는 연습을 시키려고 먹이를 바로 주지 않고 조금 떨어진 곳에 앉아 새끼가 오도록 부른답니다. 새끼는 어미를 따라다니는 동안 먹어도 되는 것, 적을 피하는 방법, 자기가 속한 종의 의사 소통 수단 등을 배우며 자연에서 살아가는 법을 터득하죠.

둥지를 떠난 두견이 새끼가 어미를 기다려요.

어미는 새끼들이 자연에 적응했다고 생각하면 떠나 보내요. 어미에게서 독립한 새끼는 이제 어린 새로 불린답니다. 어린 새는 자연에서 살아남기 위해 치열한 경쟁 속으로 뛰어들죠.

물꿩 새끼가 어미를 떠나 독립했군요.

새의 수명과 죽음

 새의 수명은 각각 달라요. 작은 산새들은 5년 정도 살고, 몸집이 큰 새들은 30년이 넘게 사는 종도 있어요. 먹이가 풍부하고 환경이 좋으면 새의 수명이 더 길어져요.
 그러나 자연 환경이 늘 좋지만은 않아요. 온종일 비가 내리기도 하고, 가뭄이 들어 세상이 메마르기도 하죠. 때로는 바람이 세차게 불기도 하고, 겨울이면 눈이 펑펑 내려 온 세상을 뒤덮기도 해요. 이런 혹독한 환경 때문에 새들은 굶어 죽기도 하고, 추위에 떨다 죽기도 해요. 요즘은 사람들의 생활이 새들에게 큰 영향을 미치기도 해요.
 차를 타고 가다 보면 길 위에 새들의 사체가 많이 보여요. 씽씽

노랑부리저어새가 혹독한 겨울을 견디지 못하고 생을 마감했어요.

달리는 자동차를 미처 피하지 못하고 부딪혀 죽은 거죠. 높은 빌딩 유리창에 부딪혀 죽기도 하고, 몰래 총을 들고 다니는 사람들에게 목숨을 빼앗기기도 해요. 가장 심각한 건 환경 오염이에요. 오염된 먹이를 먹고 죽거나 먹을 것이 없어져 굶어 죽기도 하거든요.

세상에서 가장 빠른 새

하늘을 나는 속도는 새들마다 달라요. 참새 무리 새들은 보통 시속 32km로 날지만, 짧은 거리를 빠르게 날 때는 시속 56km까지 날기도 해요. 참새 무리 중에서도 찌르레기는 시속 62km로 날고요.

오리나 기러기가 땅 위를 뒤뚱뒤뚱 걷는 걸 보면 날 때도 느릴 것 같죠? 하지만 오리나 기러기도 시속 60km로 날고, 시속 100km까지 날 수도 있대요.

저 멀리 오스트레일리아에서 바다를 건너 우리 나라에 오는 도요새 아시죠? 도요새는 시속 170km 이상으로 날 수 있대요. 어떻게 측정했냐고요? 새 연구자들이 탄 경비행기가 170km로 나는데, 도요새들이 경비행기를 앞질러 갔대요.

나는 속도를 말할 때 빼놓을 수 없는 새가 바로 칼새와 매예요. 칼새는 시속 300km 이상으로 난다는 말도 있는데, 믿을 만한 이야기는 아니에요. 하지만 260km 이상으로 나는 건 확실해요. 1930년대에 한 연구자가 매 두 마리로 속도를 측정해 보았는데, 두 마리 모두 시속 260km 이상으로 날았다고 해요. 물론 사냥감을 추격할 때 내는 순간 속도지만요.

새 아줌마가 들려 주는 재미있는 새 이야기
애들아, 새 보러 갈래?

새 친구들

하늘의 제왕 **맹금류**
나, 새 맞아? 물 속이 편해요 **잠수를 잘하는 무리**
오리발 가지고 물놀이 갈래? **오리 무리**
떼로 몰려다니면 겁날 게 없어요 **물떼새 무리**
우리가 얼마만큼 멀리 나는지 모르죠? **도요새 무리**
숫자 3은 무얼까 맞혀 봐요 **갈매기 무리**
우리 동네 명가수 **소리가 예쁜 새들**
음치들의 대행진 **소리가 엉망인 새들**
아빠 사랑으로 자란답니다 **수컷이 새끼를 기르는 새들**
나 찾아봐라! **위장의 명수들**
땅 밟기가 싫어요 **비행의 명수들**
개성이 강한 친구들만 모았어요 **그 밖의 새들**
다음에 또 볼 수 있을까? **멸종위기새들**

하늘의 제왕
맹금류

매·물수리·향라머리검독수리·말똥가리·소쩍새·
다양한 맹금류·그 밖의 맹금류

매
절벽에 집을 짓는 타고난 사냥꾼

　새를 관찰하려고 바닷가 높은 곳에 올라갔어요. 망원경을 들려는데 발 아래 절벽에서 새가 날아올라 주위를 빙빙 도는 게 아니겠어요? 길고 뾰족한 날개, 눈 밑에 있는 검은 무늬, 노란 눈테…… 매예요. 절벽에 매 둥지가 있는 게 분명해요. 무서워서 다리가 후들거렸지만 깎아지른 절벽 끝까지 다가가 내려다보았지요.

　절벽 바위 틈에 둥지가 보였어요. 둥지에는 솜뭉치 같은 새끼가 납작하게 엎드리고 있었지요. 세 마리처럼 보였어요. 매는 알을 보통 3~4개 낳거든요. 그 순간 아줌마 기척을 어미가 온 것으로 알았는지 새끼가 고개를 번쩍 들었어요. 세상에! 양 날개도 머리처럼 보여서 한 마리를 세 마리인 줄 알았던 거예요. 하얀 솜털 사이로 날개깃이 나는 것으로 보아 알에서 깨어난 지 15일쯤 된 것 같았어요.

　그 때 어미 매가 둥지 가까이에서 빙빙 돌며 '깨액깨깨~' 하고 소리쳤어요. 둥지에서 가까운 곳이라 신경이 쓰였나 봐요. '미안하다, 어미 매야' 하고 얼른 잎이 우거진 나무 뒤로 숨었어요. 좀 떨어진 곳이지만 둥지가 훤히 보였어요.

　어미 매는 둥지 가까운 절벽 바위에 앉아 주변을 두리번거리다 훌쩍 날아오르더니 금방 새 한 마리를 낚아채 왔어요. 아줌마 눈에는 아무것도 보이지 않았는데, 어미 매 눈엔 새가 보였나 봐요. 매

하얀 솜털이 보송보송한 새끼는 먹이를 뜯어 먹지 못한다.
그래서 어미는 살점을 뜯어 새끼에게 먹인다.

매 (천연기념물 323-7호, 멸종위기야생동물 Ⅰ급)

몸 길이 암컷 49cm, 수컷 42cm
사는 곳 바닷가, 농경지
나타나는 때 1년 내내

절벽 바위 틈에서 휴식을 취하는 매 한 쌍. 매는 암수의 깃 색깔이 같다.

다 자란 어린 새가 날갯짓을 연습한다.

하늘을 날다가 순식간에 먹이를 낚아챈다.

먹이 사냥에 성공한 어린 새.

는 시력이 사람보다 훨씬 좋아서 멀리 있는 먹이도 잘 찾아요. 사냥감을 쫓아갈 때는 순간 속력이 시속 200~300km에 이를 정도로 빠르고요. 쫓아가서는 억세고 날카로운 발톱으로 먹이를 쳐서 죽인 다음 잡아요. 타고난 사냥꾼이라고 할 수 있죠.

절벽 바위에 앉아 방금 잡아 온 새의 깃털을 뽑는 어미 매가 보였어요. 딱딱한 머리는 어느 새 자기가 먹고, 부드러운 살은 새끼에게 뜯어 먹였어요. 매는 암컷이 새끼에게 먹이를 뜯어 먹여요. 수컷은 먹이를 잡아 와서 암컷에게 던져 주고 간답니다.

매가 새끼를 키우는 5월은 새들이 이동하는 시기예요. 동남아시아에서 겨울을 난 새들이 북쪽의 번식지를 찾아가는 계절이거든요. 바다를 건너느라 지친 새들은 매의 먹잇감이 되기 쉽죠. 새끼가 한 마리뿐인 걸 보니 이번에는 이동하는 새들이 많지 않은 모양이에요. 새들이 많았다면 3~4마리는 거뜬히 키워 냈을 텐데.

새끼 매의 솜털이 다 빠지고 둥지를 떠나기까지는 15일 정도 남았어요. 새끼 매가 무럭무럭 자라 푸른 하늘을 자유롭게 날 수 있기를 바라며 둥지 곁을 떠났어요.

물수리
나는 물고기가 제일 맛있더라

호숫가에 갔다가 하늘 높은 곳에서 날개를 활짝 펴고 날아다니며 물 위를 살피는 맹금류를 발견했어요.

'무슨 새일까? 물 위에 떠 있는 오리를 노리는 걸까?' 생각하는 순간이었어요. 앗! 날개를 반쯤 접고 빠른 속력으로 곤두박질치다가 물에 거의 닿으려는 찰나, 날개와 다리를 쫙 펼쳤어요. 하지만 아무것도 잡지 못한 채 물만 차고는 다시 날아 올라갔어요. 물 위에서 헤엄치던 오리들이 놀라서 도망가느라 야단이 났지요. 어떤 놈은 푸드덕거리며 물 위에서 뛰다가 날아오르고, 어떤 놈은 고꾸라지고…….

그런데 달아나는 오리들은 거들떠보지도 않고, 다시 호수 위에서 정지 비행을 하며 물 위를 살피기만 하는 게 아니겠어요? 정지 비행은 빠르게 날갯짓을 하며 제자리에 가만히 떠 있는 것을 말해요. 새라고 해도 아무나 할 수 있는 기술은 아니랍니다.

하는 짓이 물수리 같았어요. 자세히 살펴보니 머리꼭대기는 흰색이고, 검은색 눈선이 목 뒤까지 연결되었네요. 몸 아랫면은 흰색이고, 등과 날개는 어두운 갈색인 것이 물수리가 틀림없었어요. 가슴에 넓은 갈색 띠가 있는 것을 보니 암컷이에요. 아줌마가 운이 좋은 날이에요. 왜냐고요? 물수리는 늘 새를 관찰하러 다니는 아줌마도 쉽게 볼 수 없는 새거든요.

날개를 쫙 펴고 유유히 하늘을 나는 물수리.

물수리 (멸종위기야생동물 Ⅱ급)

몸 길이 암컷 62cm, 수컷 56cm
사는 곳 바닷가, 호수
나타나는 때 봄, 가을, 겨울

새 친구들
하늘의 제왕, 맹금류 045

똥이 깃털에 묻지 않게 하려고 꼬리를 쳐들고 배설한다. 물고기 사냥에 성공한 물수리.

간혹 사람들한테 방해를 받으면 먹던 물고기를 날카로운 발톱으로 움켜잡고 안전한 장소를 찾아 날아간다.

저수지 안의 작은 섬에서 잡은 물고기를 맛있게 먹는다.

물 위를 살피던 물수리는 곤두박질치다가 물을 차고 날아오르기를 반복했어요. 매번 허탕 치는 것을 보니 물수리에게도 물고기 사냥은 어려운 일인가 봐요. 지칠 만도 한데 물수리는 결코 포기하지 않고 사냥을 계속했어요.

여섯 번이나 허탕을 치더니 일곱 번 만에 날카로운 발톱으로 물고기를 움켜잡고 하늘로 날아올랐어요. 그러고는 몸을 부르르 떨어 깃털에 묻은 물기를 없애더니 숲으로 날아갔어요. 방해꾼이 없는 곳에 가서 물고기를 먹으려는 거겠죠. 특이하게도 움켜잡은 물고기 머리를 날아가는 방향으로 바꿔서 날아갔어요. 공기의 저항을 줄이기 위해 그러나 봐요.

물수리는 나뭇가지에 앉아 사냥한 물고기를 비늘 하나 남기지 않고 맛있게 먹는답니다.

항라머리검독수리
허리에 흰 띠를 두른 멋쟁이 사냥꾼

　겨울철이 되면 맹금류를 보러 논이나 저수지에 자주 가요. 가을걷이가 끝난 논에는 떨어진 낟알을 주워 먹으러 들쥐들이 돌아다니고, 오리와 밭종다리도 떼로 날아다녀요. 이런 먹잇감을 사냥하기 위해 맹금류가 많이 모이기 때문이죠.

　'오늘은 어떤 맹금류를 볼 수 있을까?' 하고 저수지와 논이 있는 들로 나갔어요. 기대에 어긋나지 않게 맹금류가 하늘을 나는 모습이 보였어요. 이 곳에서 자주 보던 말똥가리보다 몸집이 큰 녀석이었죠. 말똥가리는 날개 끝의 칼깃(날개 끝에 있는 깃털로, 손가락 모양이다)이 다섯 개인데, 이 녀석은 칼깃이 일곱 개였어요.

　"흰꼬리수리와 검독수리가 칼깃이 일곱 개인데……."

　어떤 녀석인지 모르겠어서 한참을 관찰했어요. 부리는 노랗고 몸은 어두운 갈색인데, 허리에 굵고 흰 띠가 보였어요. 이 녀석이 누군지 깨닫는 순간, 심장이 멎는 줄 알았어요. 아줌마도 사진으로만 봤지 실제로는 처음 보는 항라머리검독수리였거든요. 등에 흰 점이 흩어져 있는 아직 어린 녀석이었지요.

　이름이 참 특이하지요? 항라는 명주나 모시, 무명 등의 실로 짠 옷감 중에서 씨줄을 세 올이나 다섯 올마다 비워서 짠 옷감을 말해요. 옷감에 구멍이 뚫려서 여름옷을 만들 때 쓰죠. 검독수리에 항라머리가 덧붙은 이름이라, 혹시 머리에 항라 모양 무늬가 있지 않

소나무에 앉아 주변을 살피는 어린 새.

항라머리검독수리 (멸종위기야생동물 Ⅱ급)
몸 길이 암컷 70cm, 수컷 68cm
사는 곳 습지, 농경지
나타나는 때 겨울

벼가 파릇파릇 자란 논에서 먹이를 덮치는 항라머리검독수리.

항라머리검독수리의 칼깃은 7개로 뚜렷하다.
하늘에서 날개를 쫙 펴고 먹이를 찾는다.

항라머리검독수리 뒷모습이다. 허리에 흰 띠가
선명하다. 날개 끝이 다소 아래로 내려온다.

날 때는 공기 저항을 조금이라도 줄이기 위해 다리를 몸에 바싹 붙인다.

을까 생각했지만 그런 무늬는 없네요. 아줌마도 왜 이런 특이한 이름이 붙었는지 모르겠어요. 우리 나라 새 이름은 그 유래가 밝혀지지 않은 것이 많아요. 어린이 여러분도 함께 연구해 봤으면 좋겠어요.

항라머리검독수리는 주로 들쥐 같은 작은 포유류나 개구리, 뱀 등을 잡아먹지만, 먹이가 부족할 때는 죽은 동물이나 곤충을 먹기도 한답니다. 이 녀석은 가을에 우리 나라에 와서 겨울을 나고 봄에 떠나는데, 새를 관찰하는 사람들도 보기 어려울 정도로 희귀한 맹금류예요. 그러니 얼마나 놀랍고 반가웠겠어요.

그 후로 항라머리검독수리를 관찰하러 자주 갔어요. 그런데 겨울이 가고 봄이 지나 여름이 와도 그 곳을 떠나지 않았어요.

'아직 어려서 철이 없는 것일까?'

더운 여름을 어떻게 나려는지 궁금하기도 하고 걱정도 되었어요. 하지만 항라머리검독수리는 더운 여름을 거뜬히 이겨 내고 2년 동안이나 제주도에 머물다 갔어요. 녀석이 더 튼튼하고 늠름한 모습으로 돌아왔으면 좋겠어요.

말똥가리
날개에 말똥 무늬가 있어요

추운 겨울날, 아줌마 집에 귀한 친구가 왔어요. 아는 분이 야위고 기운이 하나도 없는 말똥가리를 데려왔지 뭐예요. 기운이 없어 날지도 못하고 도망도 못 가는 녀석을 잡아 데려온 거래요. 다행히 크게 다친 곳은 없었어요. 야생에서는 제아무리 사나운 맹금류라도 다치면 사냥을 못 해 굶어 죽기 쉬워요.

기운이 없어도 말똥가리는 조심해서 다뤄야 해요. 산새나 들쥐, 토끼, 오리 같은 동물을 잡아먹는 맹금류라 부리와 발톱이 아주 날카롭거든요. 발톱이나 부리에 찢기면 피가 나고 상처가 오래 가요.

일단 말똥가리에게 얼른 기운을 차리라고 설탕물을 먹였어요. 그리고 냉장고에서 쇠고기를 꺼내 녹인 다음 잘게 썰어서 부리 가까이에 대 주었더니 잘 받아 먹었어요. 쇠고기를 먹이며 말똥가리를 찬찬히 살펴보았어요.

사람은 눈꺼풀이 위에서 아래로 내려오지요? 그런데 말똥가리는 아래에서 위로 올라가요. 등과 접은 날개는 어두운 갈색을 띠고, 가슴과 배, 꼬리는 밝은 갈색이에요. 배에는 어두운 갈색 굵은 띠가 있고요. 다리는 반 정도가 깃털로 덮여 있고, 나머지 반은 노란색을 띠었어요.

쇠고기를 다 먹이고 나서 편히 쉬라고 자리를 피해 줬어요. 야생 동물은 본능적으로 사람을 피하기 때문에 오래 관찰하면 말똥가리

말똥가리는 날개 아랫면에 말똥 무늬가 있어 붙은 이름이다.

말똥가리 (멸종위기야생동물 Ⅱ급)

몸 길이 암컷 56cm, 수컷 52cm
사는 곳 농경지, 습지, 풀밭
나타나는 때 겨울

눈의 홍채가 아직 노란 어린 새다. 몸빛이 갈색인 말똥가리는 부리와 발톱이 날카로워 한번 잡은 먹이는 절대 놓치지 않는다.

사람들이 쏜 총에 맞아 날개를 다친 말똥가리. 홍채가 어두운 갈색인 걸 보니 어른 새다.

나뭇가지에 앉은 말똥가리가 부리를 벌리고 뭔가 뱉어 내려 하고 있다.

말똥가리는 들쥐를 잡으면 한입에 꿀꺽 삼킨 다음 나중에 소화가 안 된 뼈나 털을 뱉는다. 이것을 펠렛이라 한다.

에게 스트레스를 주거든요.

　2~3일이 지나자 말똥가리가 기운을 많이 차린 것 같아 쇠고기를 썰지 않고 통째로 줘 봤어요. 날카로운 발톱으로 고깃덩어리를 움켜쥐고는 부리로 사정없이 뜯어 먹더라고요. 그리고 나서 꼬리를 치켜들더니 물총을 쏘듯 똥을 싸는 게 아니겠어요? 깃털에 똥이 묻지 않게 꼬리를 치켜드나 봐요.

　며칠 뒤 말똥가리는 힘차게 날갯짓을 하며 하늘 높이 날아갔어요. 파란 하늘 아래 쫙 펼친 날개 끝은 다섯 손가락처럼 보였고, 날개 아랫면에 있는 말똥 모양 무늬가 선명했지요.

　아줌마가 말똥가리를 자연으로 돌려 보내기 전에 한 일이 있어요. 말똥가리의 몸 길이를 재고, 다리에 가락지를 끼웠어요. 아줌마가 보살핀 말똥가리는 꼬리가 많이 상했는데도 몸 길이가 53cm나 되었어요. 말똥가리는 암컷과 수컷의 크기가 달라요. 수컷은 대개 52cm고, 암컷은 56cm쯤 되지요. 이 녀석은 52cm가 넘으니 암컷이겠죠?

　다리에 끼운 가락지는 다음에 관찰되거나 잡혔을 때 녀석이 어디까지 이동했는지 알 수 있는 표시죠. 아줌마는 이제 겨울 하늘을 더 자주 볼 거예요. 아줌마가 보살펴 준 말똥가리가 힘차게 나는 모습을 보면 무척 반갑겠죠?

소쩍새
솥이 작아 '소쩍' 하고 운대요

소쩍새는 '소쩍소쩍' 운다고 해서 붙은 이름이에요. 소쩍새에 얽힌 전설 한번 들어 보실래요?

옛날, 어느 가난한 집에 시집온 며느리가 있었어요. 너무 가난해서 작은 솥에 밥을 했는데, 다른 식구들 밥을 푸고 나면 자기 밥은 없었대요. 불쌍한 며느리는 결국 굶어 죽었답니다. 그 며느리가 죽어서 새가 되었는데, 솥이 작다고 '솥적솥적' 하고 울었대요. 그래서 사람들이 그 새를 소쩍새라 불렀다는 슬픈 이야기예요. 먹을 것이 없어 굶주리던 시절, 배고픈 서러움에 누군가 지어 낸 이야기일 거예요.

슬픈 전설이 있지만 소쩍새는 곤충이나 작은 쥐 같은 동물을 사냥하는 맹금류예요. 소쩍새가 불 켜진 창문에 몰려든 곤충을 잡아먹으려다 유리창에 부딪혀 기절하는 바람에 사람들에게 잡히는 일이 종종 있어요. 아줌마 집에서도 그런 일이 있었어요. 그래서 이틀 동안 쇠고기를 먹이며 돌봐 주었더니 많이 좋아져서 밖으로 날려 보냈죠.

여름에는 새끼 새들이 둥지를 떠나다가 어미를 잃고 사람 손에 잡혀 들어오는 일이 많아요. 솜털도 다 빠지지 않은 새끼들은 아직 날개에 힘이 없어 잘 날지 못해요. 혼자서 먹이를 잡지도 못하고요. 이런 새들이 들어오면 걱정이 많아요. 새끼들이 자라 스스로

귀뚜라미를 잡고 주변이 안전한지 살피는 소쩍새.

소쩍새 (천연기념물 324-6호)

몸 길이 18~21cm
사는 곳 숲
나타나는 때 봄, 여름, 가을

소쩍새는 밤에 활동하는 맹금류기 때문에 낮에는 나뭇가지에 앉아 눈을 감고 조용히 지낸다. 몸빛이 나무줄기 색과 비슷해서 눈에 잘 띄지 않는다.

어미를 잃어버린 새끼. 새장에 넣고 귀뚜라미와 메뚜기를 잡아 먹이며 다 자랄 때까지 보살펴 주었다. 나중에 무사히 자연으로 돌아가서 무척 기뻤다.

소쩍새는 대체로 몸빛이 갈색인데 간혹 붉은색을 띠는 개체들이 있다. 이 적색형 소쩍새는 창문 불빛에 날아드는 나방을 잡아먹으려다 창문에 부딪혀 사람에게 잡혔다. 물을 먹이고 하루 동안 보살핀 뒤 자연으로 돌려 보냈다.

먹이를 먹지 못하고 탈진한 어린 소쩍새. 어린 소쩍새는 사냥 기술이 서투르다 보니 먹이를 잘 잡지 못해 사람들에게 잡혀 오는 경우가 있다. 이런 소쩍새는 쇠고기를 잘게 썰어서 먹이면 살아날 확률이 아주 높다.

먹이를 구할 수 있도록 자립심을 키워 줘야 하거든요.

아줌마는 새끼 소쩍새를 돌봐 준 적이 있어요. 귀뚜라미와 메뚜기를 잡아서 부리에 갖다 대니 잘 받아 먹더군요. 녀석을 돌보는 동안 매일 돌을 들추고 풀 속을 헤매고 다니며 귀뚜라미를 잡았죠. 새끼 새가 날 수 있을 만큼 자랐을 때 큰 새장으로 옮겨 나는 연습을 시키고, 귀뚜라미와 메뚜기를 산 채로 풀어 스스로 먹이를 잡아 먹도록 했어요. 그랬더니 며칠 뒤 새장에 뚫린 작은 구멍으로 나갔지 뭐예요. 어미 새처럼 데리고 다니면서 이것저것 먹이를 찾아 주고 먹이 잡는 법을 가르쳐야 하는데, 그것은 아줌마가 할 수 있는 일이 아니에요. 스스로 잘해 나가기를 바랄 수밖에 없지요.

한 번은 숲에서 어미 소쩍새와 새끼 소쩍새들을 보았어요. 낮에 사람들이 잘 다니지 않는 숲 속 오솔길을 걷는데, 갑자기 소쩍새가 날아가더라고요. 얼른 쌍안경을 들고 날아간 쪽을 보았죠. 나는 모습이 영 어설픈 새끼 세 마리가 어미를 뒤따라갔어요. 소쩍새가 둥지를 떠난 새끼들을 데리고 다니며 먹이를 찾는가 봐요. 낮에는 높은 나뭇가지에 앉아 잠을 자며 밤이 되기만을 기다리는 줄 알았는데, 낮에도 어느 정도 활동은 하네요.

다양한 맹금류

맹금류는 오래 전부터 사람들에게 특별한 관심을 받아 왔어요. 날카롭고 위엄 있어 보이는 생김새와 크기, 뛰어난 비행 능력과 사냥 솜씨 때문이에요. 맹금류가 기류를 타며 하늘 높이 나는 모습은 신비롭기까지 해요.

하늘 높이 날며 먹이를 찾는 맹금류는 몸집이 큰 검독수리와 말똥가리예요. 그 높은 곳에서 땅 위에 있는 먹이를 찾는 것을 보면 정말 시력이 좋은가 봐요. 특히 검독수리는 몸집이 크고, 먹이를 들어올리는 힘으로 유명한 사냥꾼이에요. 검독수리가 새끼 노루를 들어올릴 수 있는지 없는지 논쟁이 벌어질 정도죠.

사냥 솜씨로 치면 단연 매가 으뜸이에요. 사냥할 때 내는 속도, 먹잇감이 눈치를 채거나 도망칠 겨를도 없이 덮치는 능력, 사냥감을 덮칠 때 갑자기 멈추는 힘 조절 능력 등은 다른 맹금류가 따라올 수 없죠.

자기들이 사는 곳이나 특성에 맞게 진화하고 환경에 적응한 맹금류도 많아요. 밤에 활동하는 부엉이는 초음파처럼 정교한 시력과 청력, 날 때 소리가 나지 않도록 진화한 날개 때문에 '밤의 사냥꾼'으로 알려졌죠.

숲에서는 작고 민첩한 새매가 사냥을 해요. 새매의 둥근 날개는 나무 사이를 날아다니며 먹이를 쫓기에 유리하죠. 평평한 습지나 황무지에서는 개구리매가 낮게 천천히 날다가 먹이를 덮쳐요.

물이 고인 습지에서는 물수리가 사냥을 하고요. 물수리의 발가락과 발톱은 미끄러운 물고기를 잡고 놓치지 않게 생겼죠.

전국 어디에서나 흔히 볼 수 있는 맹금류는 황조롱이예요. 황조롱이는 도시에도 잘 적응해서 아파트 베란다에 둥지를 틀기도 하죠. 황조롱이는 머리를 고정하고 정지 비행을 해 수백 미터 아래에서 움직이는 딱정벌레를 발견할 수도 있어요.

그 밖의 맹금류

솔개 (멸종위기야생동물 Ⅱ급)

몸 길이 암컷 69cm, 수컷 59cm
사는 곳 바닷가, 강, 개울
나타나는 때 1년 내내

몸은 어두운 갈색이다. 꼬리는 'M'자 형이며, 활짝 폈을 때는 직선이다. 작은 포유류, 뱀, 개구리, 물고기 등을 즐겨 먹는다.

독수리
(천연기념물 243-1호, 멸종위기야생동물 Ⅱ급)

몸 길이 100~110cm
사는 곳 농경지
나타나는 때 겨울

아주 큰 맹금류로, 몸빛이 검다. 죽은 동물의 사체를 발견하면 여러 마리가 모여 뜯어 먹는다.

참매 (천연기념물 323-1호, 멸종위기야생동물 Ⅱ급)

몸 길이 암컷 56cm, 수컷 50cm
사는 곳 산지, 농경지
나타나는 때 겨울

몸 윗면은 푸른빛이 도는 회색으로 어둡고, 흰 눈썹선이 돋보인다. 민첩하게 움직이며 새나 작은 포유류를 잡아먹는다.

붉은배새매 (천연기념물 323-2호)

몸 길이 암컷 33cm, 수컷 30cm
사는 곳 평지와 산지의 숲
나타나는 때 봄, 여름, 가을

몸 윗면은 푸른빛이 도는 회색이고, 가슴은 옅은 주황색이며, 배는 희다. 개구리를 주로 잡아먹는다.

조롱이 (멸종위기야생동물 II급)

몸 길이 암컷 30cm, 수컷 27cm
사는 곳 평지와 산지의 숲
나타나는 때 1년 내내

노란 눈테가 특징이며, 노란 납막(맹금류나 비둘기류의 윗부리기부에 볼록하게 돌출된 부분)이 있고, 다리도 노랗다. 나무 사이를 날며, 참새나 박새 등 작은 산새를 잡아먹는다.

새매 (천연기념물 323-4호)

몸 길이 암컷 39cm, 수컷 32cm
사는 곳 숲, 농경지
나타나는 때 1년 내내

가는 눈썹선이 있고, 눈과 다리는 노랗다. 암컷은 주로 지빠귀나 비둘기 크기의 새를 잡아먹고, 수컷은 박새와 방울새 등 작은 산새를 사냥한다.

그 밖의 맹금류

큰말똥가리 (멸종위기야생동물 Ⅱ급)

몸 길이 암컷 72cm, 수컷 61cm
사는 곳 농경지, 숲
나타나는 때 겨울

날개 윗면의 끝부분과 꼬리는 희고, 가는 갈색 줄무늬가 있다. 부척(다리의 관절부터 발가락 전까지 부위)을 반 정도 덮는 깃털은 어두운 갈색이다. 들쥐나 토끼 등을 잡아먹는다.

새호리기 (멸종위기야생동물 Ⅱ급)

몸 길이 암컷 37cm, 수컷 34cm
사는 곳 평지, 농경지, 숲
나타나는 때 봄, 여름, 가을

다리를 덮는 깃털과 아랫배, 아래꼬리덮깃이 붉다. 몸 아랫면에 검은 세로줄 무늬가 있으며, 눈 아래에는 검은 무늬가 있다. 작은 새를 비롯하여 딱정벌레, 잠자리 등을 사냥한다.

비둘기조롱이 (멸종위기야생동물 Ⅱ급)

몸 길이 29cm
사는 곳 농경지, 숲, 풀밭
나타나는 때 봄, 가을

납막과 다리가 붉다. 주로 정지 비행을 하다가 땅 위의 곤충을 잡아먹으며, 날면서 잡기도 한다.

쇠황조롱이(멸종위기야생동물 Ⅱ급)

몸 길이 암컷 33cm, 수컷 29cm
사는 곳 농경지
나타나는 때 겨울

수컷은 몸 윗면이 어두운 회색을 띠며, 암컷과 어린 새는 갈색을 띤다. 암수 모두 눈썹선이 있다. 날면서 작은 산새나 곤충을 잡아먹는다.

황조롱이(천연기념물 323-8호)

몸 길이 암컷 39cm, 수컷 33cm
사는 곳 숲, 풀밭, 농경지
나타나는 때 1년 내내

몸 윗면은 붉은빛이 도는 갈색에 검은 반점이 흩어져 있다. 꼬리 끝에 굵고 검은 띠가 있다. 날거나 정지 비행을 하면서 먹이를 찾고, 들쥐나 곤충, 작은 산새 등을 잡아먹는다.

쇠부엉이(천연기념물 324-4호)

몸 길이 37~39cm
사는 곳 농경지, 풀밭
나타나는 때 겨울

귀깃이 있으나 짧아서 거의 보이지 않는다. 몸빛이 갈색이고, 몸 아랫면에 세로줄 무늬가 있으며, 눈은 노랗다. 숲보다는 탁 트인 곳에서 들쥐나 작은 새를 사냥한다.

그 밖의 맹금류

솔부엉이(천연기념물 324-3호)

몸 길이 28~29cm
사는 곳 평지, 숲
나타나는 때 여름

귀깃이 없고, 진한 갈색 몸에 눈이 노랗다. 흰 배에 굵은 갈색 세로줄 무늬가 있다. 주로 밤에 곤충이나 들쥐를 잡아먹는다.

수리부엉이
(천연기념물 324-2호, 멸종위기야생동물 2급)

몸 길이 64~67cm
사는 곳 숲, 암벽
나타나는 때 1년 내내

귀깃이 길며, 갈색 몸에 주황색 눈이 인상적이다. 배에는 가는 가로줄이 섞인 굵은 세로줄 무늬가 있다. 주로 밤에 토끼, 꿩 등을 사냥한다.

큰소쩍새(천연기념물 324-7호)

몸 길이 24~25cm
사는 곳 숲
나타나는 때 1년 내내(주로 겨울)

귀깃이 길며, 눈은 붉다. 나뭇구멍에 둥지를 틀며, 밤에 곤충이나 들쥐를 잡아먹는다.

깃털이 가장 많은 새

새의 몸을 덮고 있는 깃털은 모두 몇 개나 될까요? 1930년대에 한 연구 기관에서 새의 깃털을 세어 봤대요. 깃털을 하나하나 뽑아서 세는 모습을 상상하면 웃음이 나오지만, 그 때만 해도 중요한 연구였다고 해요.

처음에는 참새 무리의 깃털을 세어 보았는데, 벌새의 깃털이 900여 개로 가장 적었고, 울새가 2,900여 개로 가장 많았대요. 물새 무리의 깃털은 고니가 2만 5,200여 개로 가장 많았고, 청둥오리가 1만 1,900여 개였대요. 고니의 깃털은 80% 이상이 머리와 목에 난 작은 깃털이었다고 해요.

나, 새 맞아?
물 속이 편해요
잠수를 잘하는 무리

논병아리·가마우지·댕기흰죽지·물닭·바다쇠오리·
잠수는 어떻게 하나요?·그 밖의 잠수를 잘하는 무리

논병아리
알 숨기기의 명수

 갈대가 아줌마 허리춤까지 자랐을 때예요. 물가에 있는 갈대밭을 지나다가 물 위에 퍼져 나가는 동그란 물결을 보았어요.
 '뭐지? 누가 물결을 일으켰지?'
 가만히 서서 지켜보았죠. 좀 있으려니까 부리에 노란 반점이 박힌 논병아리가 물 속에서 볼록 솟아오르는 게 아니겠어요?
 '아하! 저 녀석이 물결을 일으켰구나.'
 물고기를 잡아먹으려고 잠수했다가 나온 거예요. 물 위로 나온 논병아리는 주변을 두리번거리더니 갈대밭으로 쏙 들어갔어요. 논병아리가 사라진 갈대밭을 자세히 들여다보았죠. 바람에 살랑살랑 움직이는 갈대 사이로 물풀 더미에 앉은 논병아리가 보였어요.
 '그러면 그렇지.'
 둥지에서 알을 품고 있는 거예요. 어미 새는 알을 품을 때 가장 예민해요. 애써 낳은 알을 적에게 들켜 빼앗길까 봐 두려운 거죠. 적에게 들켰다 싶으면 둥지와 알을 포기하는 경우도 있어요. 그러니 어미 새가 알을 품을 때는 방해가 되지 않게 조심해야겠죠? 아줌마도 조용히 그 곳을 빠져 나왔어요.
 논병아리 둥지는 갈대나 물가의 키 큰 풀 사이에 물풀을 쌓아서 짓기 때문에 눈에 잘 띄지 않아요. 그리고 알을 품다가 둥지에서 벗어날 때는 물풀로 알을 덮어요. 갈대나 키 큰 풀들이 둥지를 가

여름에는 몸빛이 적갈색을 띤다.

논병아리

몸 길이 25~29cm
사는 곳 강, 호수, 저수지
나타나는 때 1년 내내

어두운 몸빛에 흰 줄무늬가 있는 새끼에게
어미가 먹이를 먹이고 있다. 새끼를 키울 때는
새끼들이 어미의 부리를 알아보기 쉽게
어미의 부리기부에 노란 무늬가 더 선명해진다.

논병아리 새끼들은 몸에 솜털이 난 채로 알에서
깨어난다. 그리고 솜털이 마르면 바로 둥지를 떠나
어미를 따라다닌다. 하지만 먹이를 잡지 못하고
위험에 대처하는 법도 모르기 때문에
어미 꽁무니를 졸졸 따라다닌다.

여름에 번식을 할 때는 몸에 붉은 기가 많다가
겨울이 되면 옅어진다. 겨울철에 몸빛이 변하는 것은
겨울이 되면 풀들이 시들어 누렇게 변하는 것과
관계가 있다.

논병아리는 물에서 살고 잠수해 먹이를 잡기 때문에
목욕을 하지 않아도 될 것 같지만, 깃털 사이사이에
붙은 먼지나 기생충을 떨어 내기 위해 겨울에도
어김없이 목욕을 한다.

려 주지만 그래도 안심이 되지 않는 모양이에요.

한동안 어미 새가 안심하고 알을 품을 수 있도록 둥지 주변에는 가지 않았어요. 20일쯤 지났을 때 둥지를 살짝 들여다보러 갔죠. 그런데 이게 웬일이에요? 까만 바탕에 흰 줄이 온몸을 휘감아 알록달록한 새끼 논병아리가 물 위에서 헤엄을 치는 거예요.

잠시 후 물 속에서 작은 물고기를 잡은 어미가 나오더니 새끼에게 먹이더라고요. 처음 둥지를 보았을 때가 알을 품은 지 2~3일 된 모양이에요. 새끼 새들은 보통 20~25일이 지나면 알에서 깨어나거든요. 새끼는 어미 등에 올라타기도 하고, 날개 밑으로 들어가려고 버둥거리기도 하면서 어미를 졸졸 따라다니네요. 어미 새는 차츰 넓은 세상으로 새끼들을 데리고 나가 먹이도 잡아 주고, 여기저기 보여 줄 거예요. 그리고 새끼 새들은 혼자 살아가는 법을 열심히 배울 거예요.

가마우지
기름이 부족해

아줌마는 겨울이 되면 아이들과 함께 해안과 저수지로 새를 관찰하러 가는 일이 많아요. 삼각대를 세우고 망원경을 올려놓으면 아이들은 서로 먼저 보겠다고 아우성을 치죠. 새를 관찰할 때 가장 중요한 것은 새들이 놀라지 않게 조용히 하는 거예요. 떠들면 새들이 맘 놓고 쉬지 못할 뿐만 아니라, 날아가 버려 관찰도 제대로 못 하거든요.

그래서 아줌마는 망원경을 새에 맞춰 놓고 한 사람씩 보도록 해요. 망원경 속을 들여다보던 한 아이가 아줌마에게 물 위에 떠 있는 새가 무엇이냐고 물었지요. 아줌마는 얼른 망원경을 보았어요. 망원경 속에는 아무것도 없었어요. 질문한 아이에게 어떻게 생긴 새냐고 물었더니 몸빛이 검고, 부리는 노란데 끝이 아래로 휘었다고 하네요.

"가마우지구나. 망원경으로 금방 보았는데 없어진 걸 보면 먹이를 찾아 잠수한 것임에 틀림없어."

물에 있는 가마우지는 자꾸 잠수하기 때문에 관찰하기 힘들어요. 그래서 아이들에게 가마우지를 보여 주기 위해 갯바위가 있는 해안으로 갔어요. 가마우지들이 갯바위에 무리지어 앉았네요. 가마우지들이 앉은 바위는 하얗게 변했어요. 아줌마는 이런 갯바위를 '가마우지 바위'라고 부르죠. 왜냐고요? 가마우지들은 물 속에서

갯바위에 서서 주변을 살피는 가마우지.

가마우지

몸 길이 82~86cm
사는 곳 바닷가, 호수, 강 하구
나타나는 때 1년 내내

새 친구들
나, 새 맞아? 물 속이 편해요. 잠수를 잘하는 무리

가마우지는 잠수해서 물고기를 잡은 뒤에는 날개를 펴고 깃털을 구석구석 말려야 한다.

가마우지들은 주로 물고기를 사냥해서 먹는다. 잡은 물고기는 한입에 꿀꺽 삼킨다.

겨울이 되면 무리를 지어 지내는 가마우지들은 갯바위에 배설한다. 가마우지들이 앉는 갯바위는 배설물로 위가 하얗게 변하기 때문에 쉽게 알 수 있다.

는 똥을 싸지 않고 꼭 갯바위로 올라와서 똥을 싸죠. 그래서 가마우지들이 쉬는 갯바위는 똥으로 하얗게 변해요. 이제는 여러분도 가마우지가 쉬는 갯바위를 쉽게 찾을 수 있겠죠?

가마우지들이 갯바위에서 깃털을 다듬거나 머리를 깃털에 파묻고 쉬네요. 그런데 한 마리가 날개를 쫙 펴고 있어요. 바람에 날개를 말리는 것일까요? 맞았어요.

새들은 꼬리 가까이에 기름샘이 있어요. 부리로 이 기름을 묻혀서 깃털을 다듬으면 깃털에 물이 닿아도 스며들지 않지요. 기름과 물은 서로 섞이지 않는다는 거, 어린이 여러분도 잘 알죠? 기름을 묻힌 깃털 덕분에 새들은 겨울에 물에 있어도 젖지 않고 따뜻함을 유지할 수 있는 거예요.

그런데 가마우지들은 안타깝게도 기름샘이 발달되지 않아 잠수해서 사냥을 한 다음에는 바로 날개를 펴고 말려야 해요. 그렇지 않으면 젖은 깃털 때문에 추워서 겨울을 나기 힘들거든요.

가마우지들은 저녁이 되면 무리지어 잠잘 곳으로 모여요. 많은 수가 무리지어 자면 적이 침입했을 때 빨리 알아차릴 수 있고, 다른 친구들의 체온으로 추위를 이길 수 있기 때문이에요. 추운 겨울을 나기 위한 지혜를 터득한 것이죠.

댕기흰죽지
내 댕기 머리 멋지지?

댕기가 무엇인지 알아요? 댕기는 길게 땋은 머리 끝에 드리는 끈이나 헝겊을 말해요. 요즘은 보기 어렵지만 옛날에 한복을 입던 시절에는 댕기를 드려 멋을 냈어요.

새 중에도 댕기를 드린 녀석들이 있어요. 바로 댕기흰죽지와 댕기물떼새예요. 댕기흰죽지는 오리를 닮았고, 댕기물떼새는 다리가 길고 부리가 뾰족해요. 둘 다 댕기가 있어도 생김새가 다르니 구별할 수 있겠죠?

댕기흰죽지는 물 위에 떠서 머리를 등 깃털에 묻고 잠을 자요. 이때 바람이 불면 뒷머리에 난 댕기깃이 바람에 날려 금방 알아볼 수 있어요. 댕기흰죽지는 머리와 가슴, 등, 날개의 일부, 꼬리가 검은색이에요. 눈이 노란색인 게 특이하죠. 그런데 암컷과 수컷이 달라요. 구름 한 점 없는 하늘에 햇빛이 쨍쨍 비칠 때면 수컷의 머리는 보라색으로 보이기도 하는데, 암컷은 그렇지 않아요. 또 수컷의 옆구리와 배는 흰색인데, 암컷은 어두운 갈색을 띠죠. 댕기는 수컷이 암컷보다 길어요. 암컷 중에는 가끔 눈 앞쪽의 부리 가까이에 흰색 반점이 있는 개체도 관찰돼요.

댕기흰죽지들은 무리지어 물 속을 들락거리며 게와 새우를 잡아먹어요. 이렇게 댕기흰죽지가 먹이 잡이에 한창일 때면 주위로 알락오리와 홍머리오리들이 몰려들어요. 혹시 댕기흰죽지에게 게와

뒷머리의 댕기가 멋진 댕기흰죽지.

댕기흰죽지

몸 길이 40~43cm
사는 곳 호수, 강, 저수지
나타나는 때 겨울

암컷도 뒷머리에 댕기가 있지만 수컷보다 짧다. 또 암컷은 옆구리가 어두운 갈색이기 때문에 수컷과 구별된다.

수컷은 댕기가 길고 옆구리가 흰색이라 멀리서도 눈에 확 띈다.

댕기흰죽지들은 겨울에 무리지어 사는데, 먹이 잡을 때를 빼면 하루 종일 등에 머리를 파묻고 쉰다. 에너지를 아끼기 위한 전략인 셈이다.

새우를 얻어먹으려고 그러나 하고 살펴보니 아니에요. 댕기흰죽지 주변 물 위로 떠오르는 물풀들을 먹고 있어요. 댕기흰죽지가 물 속에 들어가 게와 새우를 잡으려고 바닥을 헤집을 때 떠오르는 물풀을 먹으려고 오리들이 모여든 거예요. 댕기흰죽지는 먹이를 잡기 위해 물 속에 들어가는 것뿐인데, 다른 오리들에게 도움을 주는 셈이네요.

　댕기흰죽지 한 마리가 물 속으로 들어갔다가 게를 물고 나왔어요. 게는 다리를 버둥거리며 빠져 나가려고 안간힘을 쓰지만 댕기흰죽지가 쉽게 놓아 줄 리 없죠. 댕기흰죽지는 먹기 불편한 게 다리를 떼어 내고는 한입에 꿀꺽 삼키네요. 딱딱한 게딱지도 소화를 잘 시키나 봐요.

물닭
내가 왜 닭인지 누가 좀 알려 주세요

겨울에 철새 도래지에 가면 주로 오리들이 보여요. 그런데 이 오리들 틈에 생김새가 다른 새가 있어요. 바로 물닭이에요. 뜸부기과에 속하는 물닭은 오리들이랑 생김새가 많이 달라 찾기 쉽죠.
"애들아, 몸 전체가 까맣고 부리가 하얀 새 보이니?"
망원경을 들여다보는 아이들도 금방 찾아요.
"예, 보여요. 물 위에서 물풀을 먹고 있어요."
"그게 물닭이야."
아이들은 아줌마가 말해 준 새를 찾는 데 그치지 않고, 물닭이 무엇을 하는지 꼼꼼히 살펴요. 아이들이 한참 망원경을 들여다보다가 말했어요.
"물닭이 사라졌어요."
"어디로 사라졌니?"
"물 속으로요."
"더 관찰해 보면 왜 물 속으로 들어갔는지 알 수 있을 거야."
아이들은 눈을 크게 뜨고 망원경을 들여다보았어요. 아이들 입가에 미소가 번지더니 말했어요.
"물 속에 있는 물풀을 끌어와서 먹고 있어요."
물닭은 물 속에서 먹이를 찾아요. 위험할 때도 잠수를 해서 달아나죠. 물닭의 발가락에는 물갈퀴가 없어요. 그런데도 헤엄을 잘 치

물닭은 오리들과 달리 물갈퀴가 없다. 하지만 발가락이 판족이라 헤엄을 잘 친다.

물닭

몸 길이 36~39cm
사는 곳 호수, 강, 저수지
나타나는 때 1년 내내(주로 겨울)

얕은 물에서 물닭들이 깃털을 다듬으며 쉰다. 몸빛이 검은 바위와 비슷하다.

물 위에서 헤엄치는 물닭.

물닭은 겨울을 지낼 때 오리들과 같이 생활한다. 새를 보러 가면 오리들 사이에서 눈에 잘 띈다.

물닭도 겨울에는 무리지어 생활한다. 무리를 지으면 먹이를 찾거나 적을 발견하기 쉽기 때문이다.

고 잠수도 잘하는 것은 '판족' 때문이에요. 판족은 얇으면서 넓적한 막이 있는 발가락을 말해요.

한 아이가 궁금한 표정을 지으며 아줌마한테 물었어요.

"그런데 논병아리가 크면 물닭이 되나요?"

그 순간 아줌마와 아이들은 한바탕 배꼽을 잡고 웃었어요.

물닭은 주로 겨울에 우리 나라로 와요. 1년 내내 머물면서 번식을 하기도 하죠. 물닭의 어린 새는 쇠물닭의 어린 새와 아주 비슷한데, 꼬리가 들리지 않은 것이 달라요. 쇠물닭은 꼬리가 하늘로 들렸고 헤엄칠 때 꼬리를 까딱거리거든요.

바다쇠오리
물 속에서도 날 수 있어요

　추위가 잠시 수그러들고 맑은 날, 차를 타고 해안 도로를 따라 바닷가를 둘러보았죠. 바닷가에는 새가 별로 없었어요. 날씨가 좋아서 먼 바다로 먹이 사냥을 나갔나 봐요. 그래서 계속 해안 도로를 따라가다 보니 포구에 다다랐지 뭐예요.

　잠시 쉬어 갈 겸 차에서 내렸어요. 배들이 고기를 잡으러 나가 텅 빈 포구에는 괭이갈매기와 재갈매기들이 깃털을 다듬으며 쉬고 있었죠. 포구 안쪽 바다에는 고기잡이배에서 흘러 나온 기름이 띠를 이룬 것이 보였어요. 이 기름띠는 물새들에게 매우 위험해요. 깃털에 기름이 묻으면 깃털의 보온성이 떨어져 결국 죽거든요.

　'사람들이 기름 관리를 잘 하면 좋을 텐데…….'

　안타까운 마음에 혼자 중얼거리는데, 물 위에 새 한 마리가 보였어요. 부표처럼 둥둥 떠서 포구 안쪽으로 오고 있었죠. 크기가 작고, 짧은 부리는 연노란색이에요. 머리와 뒷목은 검은색이고, 등과 날개는 짙은 회색, 뺨과 가슴은 흰색이에요. 배가 흰색이어서 몸 윗면과 아랫면이 뚜렷한 대조를 이루는 바다쇠오리예요.

　바다쇠오리는 주로 우리 나라 동해안에서 겨울을 보내지만, 서해안에서 번식을 하기도 해요. 전라남도 칠발도와 구굴도가 이들의 대표적인 번식지예요. 이 섬에서 번식을 할 때도 무리지어 생활하죠. 번식기에는 눈 뒤쪽으로 가는 흰 줄이 목까지 이어져요.

작고 앙증맞은 바다쇠오리.

바다쇠오리

몸 길이 25~27cm
사는 곳 바다
나타나는 때 1년 내내

바다쇠오리는 날개를 퍼덕이며 물 속으로 들어가고, 물 속에서도 날갯짓을 하며 물고기를 쫓아가요. 바다에서 주로 생활하고 육지에는 거의 올라오지 않기 때문에 몸의 형태도 물 속 생활에 적합하게 진화되어 머리가 크고 꼬리와 다리는 짧답니다.

'먼 바다에서 무리지어 다니며 물고기 사냥하느라 정신이 없을 텐데, 왜 포구에 혼자 남은 걸까?'

바다쇠오리가 방향을 틀자 반대편 몸에 시꺼먼 기름이 묻은 것이 보였어요. 바다쇠오리는 날개를 퍼덕이며 깃털에 묻은 기름을 떼어 내려고 안간힘을 썼어요.

'가엾은 녀석!'

기름이 묻은 바다쇠오리는 추워서 멀리 가지 못하고, 따뜻한 곳을 찾아 바람이 덜 부는 포구로 온 거예요. 머지않아 죽을 게 뻔해요. 겨울 바닷가에서는 기름이 묻어 죽은 바다쇠오리를 심심찮게 볼 수 있어요.

잠수는 어떻게 하나요?

하늘을 나는 새가 왜 잠수를 하는지, 어떻게 잠수를 하는지 궁금하죠?

물 속으로 들어가는 것은 새에게 쉬운 일이 아니에요. 새는 온혈동물이라 차가운 물 속에서 체온을 유지하기 어렵고, 가벼운 몸이 깃털로 덮여 물에 잘 가라앉지 않고 붕 뜨기 때문이죠.

그런 새들이 왜 물 속으로 들어갈까요? 물 속은 새들이 좋아하는 먹이가 엄청나게 많은 곳이에요. 새들 중에 그 먹이를 놓치고 싶지 않은 새들이 있었겠죠? 그 새들이 어려움을 무릅쓰고 물 속에 들어가다 보니 물 속에서도 먹이 활동을 할 수 있도록 차츰 적응한 거랍니다.

새들이 어떻게 물 속 생활에 적응했는지 알아볼까요?

물까마귀는 기름샘에서 나오는 기름을 깃털에 묻혀 깃털이 물에 젖지 않도록 해요. 그리고 공기를 깃털 사이에 가두어 물 속에서도 몸을 따뜻하게 유지해요. 기름으로 잘 관리된 깃털 덕분에 10초 이상 물 속에 있어도 춥지 않죠. 물갈퀴가 없기 때문에 물 속에서 이동할 때는 짧고 둥근 날개로 빠르게 날갯짓을 해요. 눈에는 다이버의 고글과 같은 투명한 막이 있어서 눈을 보호하고, 물 속에서도 잘 볼 수 있어요. 하지만 물까마귀처럼 깃털 사이에 공기를 넣으면 부력 때문에 물 속에서 오래 있을 수 없어요.

가마우지는 부력에 관해서는 아무런 문제가 없어요. 기름샘이 덜 발달되어 물 속에 들어가면 깃털이 물에 젖기 때문에 물 속에서 오히려 자유롭게 먹이 활동을 할 수 있어요. 그렇지만 깃털이 젖어서 물 밖으로 나오면 추위를 견뎌야 하는 문제가 생겨요. 가마우지가 물고기 사냥을 끝내고 나오면 바위에서 날개를 쫙 펴고 햇볕에 깃털을 말리는 것도 이 때문입니다.

비오리는 몸이 유선형으로 생겼어요. 물 속에서 물고기를 쫓아가 잡아먹기에 적합하죠. 부리는 마치 톱처럼 생겨 한번 물면 미끄러운 물고기라도 결코 놓치는 법이 없답니다.

아비는 다리가 몸 끝에 달려 물 밖에서는 행동이 아주 어색하고 우스꽝스럽지만, 물 속에서는 빠르게 속력을 낼 수 있어요. 날개를 몸에 바짝 붙여 유선형을 만들고 물고기를 쫓아가죠. 아비 중 어떤 종은 물 속에서 1분 이상 머물 수 있어요.

그 밖의 잠수를 잘하는 무리

아비

몸 길이 61~65cm
사는 곳 바다, 바닷가
나타나는 때 겨울

부리는 가늘고 위로 조금 휘었다. 우리나라에서는 몸 윗면이 어두운 갈색이고, 작고 흰 반점이 흩어져 있는 겨울깃을 볼 수 있다. 잠수해서 물고기를 사냥한다.

회색머리아비

몸 길이 65cm
사는 곳 바다, 바닷가
나타나는 때 겨울

부리는 직선이고, 목에 흑갈색 줄이 있다. 우리나라에서는 머리와 몸 윗부분이 어두운 갈색을 띠는 겨울깃을 볼 수 있다. 잠수해서 물고기를 사냥한다.

큰회색머리아비

몸 길이 63~75cm
사는 곳 바다, 바닷가
나타나는 때 겨울

물에 떠 있을 때 옆구리의 흰 깃털이 큰 반점처럼 보인다. 깃털에 기름이 묻어 죽은 개체들을 종종 볼 수 있다.

그 밖의 잠수를 잘하는 무리

흰부리아비

몸 길이 77~90cm
사는 곳 바다, 바닷가
나타나는 때 겨울

연노란색 부리가 매우 크며, 눈이 붉다. 물 표면에 고개를 빼고 헤엄쳐 다니며 먹이를 찾다가 적당한 물고기를 발견하면 잠수해서 잡는다.

뿔논병아리

몸 길이 46~52cm
사는 곳 호수, 강, 저수지, 바닷가
나타나는 때 1년 내내(주로 겨울)

목이 길고, 부리는 분홍색이며, 머리에 검은색 뿔깃이 있다. 잠수해서 물고기나 수서곤충을 잡아먹는다.

민물가마우지

몸 길이 80~86cm
사는 곳 바닷가, 호수, 강
나타나는 때 1년 내내(주로 겨울)

검은 등은 갈색을 띠는 금속성 광택이 난다. 저수지의 작은 섬이나 바위에서 무리지어 쉰다. 부리기부는 노란색이며, 피부가 드러난 부위는 흰색이다. 물고기를 주로 잡아먹는다.

쇠가마우지

몸 길이 70~73cm
사는 곳 바닷가
나타나는 때 1년 내내

몸빛이 검고, 녹색 광택이 있으며, 가마우지들 중 몸집이 가장 작다. 머리와 부리가 가늘고, 잠수해서 물고기를 잡아먹는다.

흰죽지

몸 길이 42~49cm
사는 곳 강, 강 하구, 저수지
나타나는 때 겨울

수컷은 머리가 적갈색이며, 눈은 붉은색, 가슴은 검은색이다. 암컷은 머리와 가슴이 갈색이고, 눈 주위는 흰색이며, 나머지는 회색을 띠는 갈색이다. 잠수하여 물풀의 줄기나 씨앗을 먹는다.

검은머리흰죽지

몸 길이 40~51cm
사는 곳 강 하구, 바닷가
나타나는 때 겨울

수컷의 머리와 가슴은 검은색이고, 등과 옆구리는 흰색이며, 등에 가늘고 검은 물결 무늬가 있다. 암컷은 몸이 어두운 갈색이다. 물 속에 사는 무척추동물이나 수생식물을 먹는다.

그 밖의 잠수를 잘하는 무리

흰뺨오리

몸 길이 42~50cm
사는 곳 바닷가, 호수, 저수지
나타나는 때 겨울

눈은 노랗고 부리는 검은색이다. 수컷은 눈앞에 크고 흰 점이 있고, 암컷은 부리 끝이 노랗다. 잠수해서 게나 새우 등 갑각류를 잡아먹는다.

비오리

몸 길이 62~70cm
사는 곳 개울, 호수, 저수지
나타나는 때 1년 내내(주로 겨울)

붉은 부리는 끝이 갈고리처럼 휘었다. 머리에 댕기깃이 없다. 물 위에 목을 빼고 머리를 물 표면에 댄 채 먹이를 찾다가 잠수해서 잡는다.

바다비오리

몸 길이 52~58cm
사는 곳 바닷가, 강 하구
나타나는 때 겨울

눈이 붉고, 긴 부리는 약간 위로 휜 것처럼 보이며, 뒷머리에 댕기깃이 두 가닥 있다. 수컷의 머리는 녹색 광택이 나고, 암컷은 갈색이다. 물고기를 주로 먹는다.

알락쇠오리

몸 길이 24~26cm
사는 곳 바다
나타나는 때 겨울

머리꼭대기와 몸 윗면은 흑갈색이고, 몸 아랫면은 흰색이다. 부리는 가늘고 검다. 동해안에서 주로 관찰되며, 바다쇠오리와 함께 겨울을 나기도 한다.

오리발 가지고 물놀이 갈래?
오리 무리

원앙 · 흰뺨검둥오리 · 혹부리오리 · 알락오리 ·
다양한 오리들의 습성 · 그 밖의 오리 무리

원앙
정말 부부 금슬이 좋을까?

노을진 겨울 하늘에 새 한 무리가 날아가는 것을 봤어요.

'날갯짓을 보아하니 오리인데, 크기가 작네…….'

날아가는 방향을 보니 계곡의 하류로 가는 모양이에요. 뒤따라 여러 무리가 아줌마 머리 위를 지나쳐 같은 쪽으로 날아가는 게 보였죠.

'계곡 하류에 무엇이 있기에 새들이 몰려갈까?'

다음 날, 오리들이 사라진 계곡 하류를 찾아 길을 나섰어요. 과수원 길을 따라 가다 막다른 길에서 되돌아 나오기도 하고, 마을로 길을 잘못 들어서기도 하면서 가까스로 계곡에 다다랐죠. 맑은 물이 흐르고, 주변에는 도토리 나무가 많았어요. 멀찍이 떨어진 바위에 걸터앉아 쌍안경으로 계곡 하류를 살펴보았죠. 계곡 주변 바위가 새똥 투성이인데, 가만 보니 도토리와 같은 갈색이에요.

'새들이 저녁에 여기로 와서 도토리를 먹고 똥을 싼 건가?'

아줌마는 저녁까지 기다려 보기로 했어요. 날도 맑고 달이 꽉 찬 보름이니, 해가 져도 그렇게 어둡지는 않을 것 같았거든요. 저녁 6시쯤 되자 새들이 계속 무리지어 날아와서 물 위에 앉았어요. 세상에! 300마리도 넘어 보이는 원앙이었어요. 원앙들이 도토리를 먹기 위해 이 곳을 찾는 것이 틀림없어요. 원앙들은 밤에 먹이를 먹으려고 도토리가 있는 계곡이나 숲에 왔다가 아침이 되면 떠나

정다워 보이는 원앙 한 쌍. 암컷은 수수한데 수컷은 화려하다.

원앙(천연기념물 327호)

몸 길이 41~47cm
사는 곳 숲, 계곡, 강, 저수지
나타나는 때 1년 내내

원앙은 암수가 붙어 다닌다. 수컷은 짝짓기가 끝날 때까지 암컷 옆을 지키며 다른 수컷이 접근하지 못하게 감시한다.

겨울에는 무리지어 사는데, 사람들이 다가가기 어려운 계곡 등지에 산다. 낮에는 주로 물 위에서 쉬지만, 간혹 물가의 나뭇가지에 앉은 모습도 볼 수 있다.

물에서 쉬는 것은 고양이나 족제비 같은 천적들 때문이다. 그러나 하늘에서 공격하는 맹금류에게는 속수무책이다. 월동지 근처에서는 맹금류에게 뜯어 먹힌 흔적으로 남은 깃털들을 종종 볼 수 있다.

겨울을 나는 원앙들은 저녁 노을이 지는 6시 무렵, 도토리를 찾아 일제히 날아오른다.

는 것이었어요.

 예부터 사람들은 원앙을 금슬 좋은 부부에 비유해요. 그러나 사실은 달라요. 원앙은 수컷과 암컷이 짝을 이루고 나면 수컷은 자신의 짝을 다른 수컷에게 빼앗기지 않기 위해 암컷 주변에 꼭 붙어 다니죠. 이런 모습만 본다면 금슬 좋은 부부가 맞아요. 그러나 짝짓기가 끝나면 수컷은 훌쩍 떠나 버리고, 암컷 혼자 알을 품고 새끼를 키운답니다.

 원앙 중에서 일부는 겨울을 지내기 위해 우리 나라에 오기도 하고, 일부는 1년 내내 우리 나라에 머물기도 해요. 여름에는 산간 계곡의 나뭇구멍에 둥지를 틀죠. 딱다구리의 헌 둥지를 이용하기도 해요. 새끼는 솜털이 난 채로 알에서 깨어나며, 1~2시간이 지나면 솜털이 말라요. 새끼들은 솜털이 마르면 어미를 따라 구멍에서 나오는데, 높은 나무 위 구멍에서 땅바닥으로 꽈당 떨어져 내려요. 가끔 새끼들이 다치기도 하지만, 대부분 무사히 어미를 따라가죠. 그리고 여름 내내 계곡에서 어미와 함께 지내며 어른 새가 된답니다.

흰뺨검둥오리
아줌마는 오리 엄마래요

물가에 버려진 흰뺨검둥오리 새끼를 아줌마가 데려다 보살핀 적이 있어요. 아이들은 아줌마를 졸졸 따라다니는 새끼 오리가 신기한지 호기심이 가득한 눈으로 질문을 퍼부었어요.

"무슨 오리예요?"

"아줌마가 기르는 거예요?"

"이 오리는 왜 아줌마만 따라다녀요?"

그래서 아줌마가 하나씩 대답해 줬죠.

"얘는 흰뺨검둥오리 새끼야, 이름은 '꽥꽥이'고. 기르는 게 아니고 보살펴 주는 거야. 다 자라면 자연으로 돌려 보낼 거야. 그리고 얘는 지금 아줌마가 엄마인 줄 알고 졸졸 따라다니는 거야."

오리들은 알에서 깨어나면 제일 처음 보는 물체를 자기 어미로 생각해요. 꽥꽥이가 아줌마를 자기 어미로 여겨 따라다니는 걸 보면, 어떤 사람이 흰뺨검둥오리 둥지에서 알을 훔쳐 인공으로 부화시키고 보살피지 않아 굶어 죽을 것 같으니까 버린 게 분명해요.

그런 꽥꽥이를 아줌마가 발견해서 보살핀 거예요. 꽥꽥이는 아줌마가 가는 곳이면 어디든 따라다녔고, 아줌마가 주는 먹이는 잘 받아 먹었어요. 밤에는 종이 상자에 넣어 두었는데, 아줌마 손을 종이 상자에 올려놓아야 안심하고 잠을 잤지요.

한 달 정도 지난 뒤에는 혼자 풀밭을 돌아다니면서 귀뚜라미와

사이좋게 헤엄치는 암수 한 쌍. 흰뺨검둥오리는 암수가 거의 비슷하다. 다른 점이 있다면 수컷의 몸빛이 좀더 짙고, 얼굴이 좀더 밝다는 정도다.

흰뺨검둥오리

몸 길이 58~63cm
사는 곳 강, 저수지
나타나는 때 1년 내내

새끼를 데리고 다니며 먹이를 찾아 먹이는 흰뺨검둥오리 어미.

흰뺨검둥오리가 머리를 등 깃털에 묻고 쉰다.

돌담 위에서 주변을 살핀다. 다리가 짙은 주황색이다.

흰뺨검둥오리는 다른 오리들처럼 무리지어 겨울을 나고, 날아갈 때도 떼지어 날아간다.

메뚜기 같은 곤충을 잡아먹었어요. 물에 적응하라고 일부러 물 속으로 밀어 넣으면 혼자서 헤엄을 치며 놀다가 아줌마가 부르면 잽싸게 밖으로 나와 아줌마를 따라다녔지요.

두 달이 넘자 날개가 거의 자랐어요. 나는 연습을 시켜야 하는데 어쩌나 고민하다가 언덕 내리막길을 빠르게 달렸죠. 그랬더니 꽥꽥이가 뒤뚱거리며 아줌마를 따라오다가 결국 날았어요. 작전 대성공이었죠. 석 달이 지나갈 무렵 어미에게서 독립할 시기라고 느꼈는지 아줌마 말을 잘 안 듣더군요. 어느 날, 아줌마가 보는 앞에서 날개를 퍼덕이며 다른 흰뺨검둥오리가 있는 곳으로 날아갔어요. 섭섭했지만 잘 자라 자연으로 돌아가는 모습을 보고 얼마나 기뻤는지 몰라요.

흰뺨검둥오리는 겨울에 찾아오는 철새지만 지금은 우리 나라에서 여름을 나며 번식하기도 해요. 풀밭에 둥지를 만들고 자기 몸에서 뽑은 깃털을 깔아 알을 따뜻하게 하지요. 알에서 깬 새끼들은 솜털이 나 있어요. 그래서 솜털이 마르면 둥지 밖으로 나와 어미를 따라다니며 먹이를 찾죠.

흰뺨검둥오리는 부리 끝이 노랗고 다리는 주황색이라 다른 오리들과 헷갈릴 염려가 없어요. 머리를 물 속에 넣고 꼬리는 하늘로 향한 채 먹이를 찾아 먹지요. 올 겨울에는 여러분도 저수지나 해안에서 흰뺨검둥오리가 먹이 먹는 모습을 찾아보세요.

혹부리오리
혹부리 영감이 부러워요

아줌마는 혼자 새를 관찰하러 다니거나 남편과 같이 다니죠. 그러다가 아이들과 함께 새를 관찰하러 가면 신이 나서 장난기가 생겨요.

"부리가 빨간 오리 보이니?"

"네! 보여요."

"혹부리오리야."

아이들은 망원경을 한참 들여다보다가 고개를 갸웃거려요.

"아무리 봐도 혹이 안 보이는데요?"

아줌마는 그럴 리가 없다는 듯 한참 뜸을 들이다가 되묻죠.

"너희 혹시 이상한 마음을 먹고 보는 건 아니겠지?"

"이상한 마음을 먹고 보다니오?"

"맛있겠다는 둥 그런 마음 말이야. 새를 사랑하는 사람 눈에만 혹이 보이거든."

"저희도 새를 사랑한단 말이에요."

아이들은 무척 억울해하며 다시 망원경을 들여다봐요. 그리고 혹을 찾느라 정신이 없죠.

몸통이 하얗고 부리가 빨간 혹부리오리는 겨울에 가장 눈에 잘 띄는 오리예요. 그래서 혹부리오리를 쉽게 찾지만 이름을 말하면 다들 고개를 갸우뚱거려요. 도대체 어디에 혹이 있는지 찾을 수가

번식기에 커졌던 혹은 겨울이 되면 거의 사라져 흔적조차 보이지 않는다.

혹부리오리

몸 길이 58~67cm
사는 곳 강 하구, 갯벌
나타나는 때 겨울

수컷은 이마에 큰 혹이 있다.

혹부리오리도 무리지어 겨울을 난다.

암컷은 부리기부에 흰 무늬가 있다.

없기 때문이죠.

"호호호, 미안 미안. 아줌마가 장난을 친 거야."

아이들은 아줌마 설명을 듣고 나서야 너무했다는 둥 투덜거리며 안심하는 눈치예요.

혹부리오리는 수컷 이마에 혹이 있어요. 그런데 겨울에는 혹이 거의 보이지 않아요. 봄이 되고 번식할 시기가 다가오면 이마의 혹이 아주 커져서 눈에 띄지요. 혹은 왜 커질까요? 새들은 보통 수컷들이 화려하게 생겨서 암컷에게 잘 보이려 하잖아요. 혹부리오리는 암컷과 수컷의 깃 색깔이 거의 같아요. 그래서 수컷은 암컷에게 잘 보이려는 수단으로 혹을 이용하는 거죠. 암컷은 혹이 큰 수컷한테 끌리거든요.

혹부리오리는 오리 중에서 덩치가 큰 편이에요. 멀리서 오리를 볼 때 덩치가 크고 몸통이 하얀 오리를 찾으면 혹부리오리일 가능성이 높아요. 망원경을 대고 자세히 살펴보면 녹색 광택이 나는 검은 머리와 날개가 흰 몸통이 뚜렷한 대조를 이루죠. 부리와 다리는 빨간색이에요. 가슴과 등에 갈색 띠가 있는데, 간혹 없는 것들도 보이고요. 암컷과 수컷은 거의 비슷하게 생겼어요. 암컷 부리기부(부리 끝과 반대되는 부위로 부리에서 눈과 가까운 쪽)가 흰색이고 수컷보다 몸빛이 옅다는 것 정도가 다르죠. 혹부리오리는 보통 갯벌이나 저수지에서 관찰할 수 있고, 갯벌을 부리로 훑으며 그 속에 사는 작은 무척추동물이나 달팽이, 갑각류 등을 먹는답니다.

알락오리
배가 고파 겨울 나기 힘들어요

　차가운 바람이 매섭게 부는 2월 어느 날이었어요. 저수지 옆으로 난 농로를 따라 집으로 가는 길이었죠. 물풀을 먹던 오리들이 아줌마 발자국 소리에 놀라 날아올랐어요. 오리들이 쉬는 걸 방해해서 미안했지만 집으로 가는 길이라 어쩔 수 없었죠.

　오리들이 날아간 물 위에 죽은 오리가 한 마리 있었어요. 길가에 있는 긴 막대기를 가져와서 물 위에 뜬 오리를 건져 봤더니 알락오리 수컷이에요.

　수컷 오리들은 대부분 형형색색 화려한 깃을 뽐내며 겨울을 지내는데, 알락오리는 달라요. 몸빛은 전체적으로 회갈색을 띠는데, 가슴의 깃털은 검은색에 비늘 무늬가 도는 듯 보여요. 등에 난 갈색 깃털이 독특하다고 말할 수 있는 정도죠. 부리는 검은색이에요.

　'총에 맞아 죽었나?'

　새들이 많은 철새 도래지에 몰래 총을 들고 와서 새들을 쏘아 죽이는 나쁜 사람들 때문에 가끔 총에 맞은 오리가 발견되기도 하거든요. 살펴보니 상처는 없었어요.

　'왜 죽었을까요?'

　알락오리 가슴을 만져 보았어요. 흰뺨검둥오리는 당근을 삼키다 목에 걸려 죽기도 하거든요. 그런데 아무것도 만져지지 않았어요. 알락오리를 손으로 들어 보았더니 몸이 너무 가벼웠어요.

알락오리 한 쌍. 암수의 특징을 알 수 있다.

알락오리

몸 길이 46~58cm
사는 곳 강, 강 하구, 저수지
나타나는 때 겨울

물풀을 먹는 수컷.

암컷은 수컷보다 몸빛이 밝다. 또 수컷은 부리가 검은색인데, 암컷은 부리 가장자리가 주황색이다.

알락오리도 무리지어 겨울을 난다. 알락오리는 물 표면에 있는 물풀을 건져 먹기도 하고, 머리를 물 속에 넣고 꼬리는 하늘로 향한 채 좀더 깊은 물에 있는 물풀을 꺼내 먹기도 한다.

'굶어 죽었구나······.'

겨울이 깊어 가면서 먹이가 부족해지는데 먹이 경쟁에서 뒤졌나 봐요. 새들이 겨울을 무사히 지내기에 환경이 점점 나빠지는 것이 가슴 아팠어요.

죽은 알락오리를 묻어 주고 가려는데, 저수지 건너편에 알락오리 암컷이 보였어요. 부리는 주황색이고 부리 윗면이 검은색을 띠었죠. 아줌마를 보고 도망가지 않는 암컷도 먹이를 먹지 못했는지 힘이 없어 보였어요.

'봄이 오려면 더 기다려야 하는데, 무사히 겨울을 나고 떠날 수 있을까?'

걱정스럽게 바라만 봤어요.

다양한 오리들의 습성

오리는 주로 겨울에 우리 나라를 찾는 겨울 철새예요. 시베리아의 혹독한 추위를 피해 먹이를 구하려고 따뜻한 우리 나라로 오는 거예요. 그러나 최근 텃새가 된 오리들도 생겨났어요. 그 대표적인 예가 흰뺨검둥오리와 청둥오리예요. 겨울에 찾아오는 숫자에는 훨씬 못 미치지만, 우리 나라에서 번식을 하고 1년 내내 보이는 수가 점점 늘고 있어요.

오리는 번식을 할 때 자기 몸의 깃털을 뽑아 알자리에 깔 정도로 지극한 모성애를 보여요. 왜 모성애냐고요? 수컷 오리는 짝짓기를 끝내면 어디론가 떠나 버리고, 암컷이 알을 품고 새끼를 키우는 일까지 모두 책임지기 때문이죠.

오리는 행동 습성에 따라 수면성 오리와 잠수성 오리, 비오리로 나눠요.

수면성 오리는 보통 우리에게 친근한 오리예요. 잠수하는 일이 거의 없고, 물 위에 떠서 머리를 물 속에 넣고 꼬리를 하늘로 쳐든 채 먹이를 잡거나 땅 위에서 먹이를 찾는 종들이지요. 원앙, 청둥오리, 흰뺨검둥오리, 넓적부리 등 13종이 우리 나라를 찾아와요.

잠수성 오리는 잠수해서 먹이를 찾는답니다. 흰죽지, 댕기흰죽지 등 13종이 우리 나라 저수지나 강을 누비고 다녀요.

비오리도 잠수를 잘해요. 물 속에서 주로 물고기를 잡아먹고 살죠. 가늘고 긴 부리는 갈고리처럼 끝이 아래로 구부러졌어요. 날 때는 긴 목을 쭉 뻗고 활주로를 달리듯 물 위를 빠르게 달리다가 날아오르죠.

혹부리오리와 황오리는 오리 중에서도 큰 종에 속해요. 그래서 따로 혹부리오리류로 나누죠. 우리 나라에는 지금까지 3종이 관찰된 것으로 기록되었어요.

그 밖의 오리 무리

황오리

몸 길이 63~66cm
사는 곳 강, 강 하구, 농경지
나타나는 때 겨울

몸빛은 전체적으로 주황색을 띠며, 꼬리와 부리, 다리는 검다. 농경지에 무리지어 내려앉아 풀이나 낟알을 찾아 먹는다.

청둥오리

몸 길이 58~65cm
사는 곳 강, 강 하구, 저수지
나타나는 때 1년 내내

수컷의 머리는 광택이 나는 청록색이며, 부리는 노랗다. 암컷은 노란빛을 띠는 갈색이다. 가금으로 사육되는 집오리의 조상이다.

넓적부리

몸 길이 43~52cm
사는 곳 저수지, 강
나타나는 때 겨울

부리가 검고 넓적하다. 수컷의 머리는 광택이 나는 청록색이고, 암컷은 몸빛이 전체적으로 갈색을 띤다. 부리 옆의 가는 털로 물을 걸러서 물풀이나 작은 무척추동물 등을 먹는다.

쇠오리

몸 길이 34~38cm
사는 곳 강, 저수지
나타나는 때 겨울

수컷의 머리는 적갈색과 녹색이 섞여 있으며, 노란 줄무늬가 경계를 이룬다. 암컷은 전체적으로 어두운 갈색이다. 물풀의 잎과 줄기, 풀씨를 먹는다.

청머리오리

몸 길이 46~54cm
사는 곳 강, 강 하구, 저수지
나타나는 때 겨울

수컷은 머리가 청록색이고, 암컷은 몸빛이 전체적으로 어두운 갈색을 띤다. 수컷의 머리는 나폴레옹의 모자를 떠오르게 하는 형태다.

발구지

몸 길이 37~41cm
사는 곳 강 하구, 바닷가, 저수지
나타나는 때 봄, 가을, 겨울

수컷은 희고 가느다란 눈썹선이 뒷목까지 이어지는데, 암컷은 눈썹선이 선명하지 않다. 풀씨나 수서곤충을 주로 먹는다.

그 밖의 오리 무리

홍머리오리

몸 길이 45~51cm
사는 곳 강, 강 하구, 저수지
나타나는 때 겨울

수컷의 머리는 붉은색이고, 이마에 굵고 노란 띠가 있다. 암컷은 전체적으로 갈색이다. 물 위에서 물풀을 먹는다.

고방오리

몸 길이 암컷 53cm, 수컷 75cm
사는 곳 강, 강 하구, 저수지
나타나는 때 겨울

목이 가늘고 길며, 뾰족한 꼬리가 특징이다. 수컷의 얼굴과 뒷목은 짙은 갈색이고, 암컷은 몸 전체가 어두운 갈색이다. 특히 수컷은 꼬리가 길기 때문에 암컷보다 몸 길이가 길다. 물풀이나 풀씨 등 먹이를 찾는다.

부리가 왜 옆으로 휘었을까?

새의 부리를 보면 보통 곧거나 아래로 휘었어요. 그런데 부리가 위로 휜 새도 있어요. 이런 새의 이름에는 뒷부리도요, 뒷부리장다리물떼새처럼 '뒷부리'라는 말이 붙죠.

부리가 옆으로 휜 새가 있을까요? 신기하게도 지구상에 딱 한 종이 있어요. 뉴질랜드에 사는 '라이빌(Wrybill)'이에요. 'wry'는 '비틀어진', 'bill'은 '부리'라는 뜻이니, 말 그대로 부리가 비틀어진 새죠. 꼬마물떼새처럼 생겼는데, 옆으로 휜 부리를 사용해 조약돌을 뒤집어서 그 속에 있는 먹이를 잡아먹어요.

라이빌의 부리는 왜 옆으로 휘었을까요? 뉴질랜드에는 맹수들이 없어요. 이 새가 위험을 느끼는 것은 하늘에서 덮치는 맹금류뿐이죠. 그래서 먹이를 먹을 때 하늘에서 내려오는 적만 감시하면 돼요. 라이빌은 옆으로 휜 부리 덕분에 조약돌을 뒤집을 때도 하늘을 볼 수 있어 적이 다가오는 걸 쉽게 안답니다.

떼로 몰려다니면
겁날 게 없어요
물떼새 무리

댕기물떼새·큰물떼새·장다리물떼새·꼬마물떼새·그 밖의 물떼새 무리

댕기물떼새
깨끗하게 씻어 먹어야 탈이 없죠

　도요새와 물떼새들은 대부분 이동 시기인 봄과 가을에 우리 나라에 찾아와 잠시 머물렀다 떠나는 나그네새예요. 그런데 우리 나라에서 겨울을 나고 봄에 떠나는 물떼새가 있어요. 댕기물떼새랍니다.
　겨울에 아이들과 함께 철새가 많이 오는 저수지나 갯벌을 찾으면 오리들만 보기 쉬워요. 이 때 색다른 댕기물떼새를 만나면 아주 반갑죠. 댕기를 드려 멋을 부린 새는 댕기물떼새랑 댕기흰죽지뿐이라고 아줌마가 먼저 얘기했지요? 댕기물떼새는 저수지 가장자리나 갯벌에서 먹이를 찾는데, 이 때는 거의 경계하지 않아 관찰하기 좋아요.
　겨울 방학을 맞아 탐조 프로그램에 참여한 아이들과 함께 갯벌에 갔어요. 망원경을 세우고 주변에 무슨 새가 있나 아줌마가 먼저 살펴보았죠. 물 위에 떠 있는 오리들 사이에 댕기물떼새가 보였어요. 아이들과 함께 새를 관찰하는 일은 즐겁기는 한데, 시끄럽게 떠들어서 문제예요. 아이들 소리에 놀라 댕기물떼새가 날아가 버릴까 걱정이거든요.
　아이들에게 조용히 관찰하도록 부탁하고, 망원경을 댕기물떼새에 맞춰 놓았어요. 망원경을 들여다보던 아이들은 댕기물떼새가 귀엽다고 난리였죠. 뒷머리에 달린 댕기가 바람에 흔들리는 게 멋

댕기물떼새를 물가에서만 볼 수 있는 것은 아니다.
겨울이 되어 마른 풀밭에서 부지런히 먹이를 찾는 댕기물떼새.

댕기물떼새

몸 길이　28~31cm
사는 곳　습지, 강 하구
나타나는 때　겨울

뒷머리의 댕기가 바람에 날린다.

앞에서 보면 가슴에 검고 굵은 띠가 있다.

수확이 끝난 논에서 먹이를 찾는 댕기물떼새.

진 댕기물떼새는 가슴에 검고 굵은 띠가 있고, 배는 흰색이에요. 얼굴에 독특한 무늬가 있고, 등과 날개는 녹색을 띠는데 반짝반짝 빛이 나요. 어린 댕기물떼새는 등과 날개에 비늘 무늬가 있어요.

아이들이 망원경을 들여다보는 동안 아줌마도 쌍안경으로 댕기물떼새가 무엇을 하는지 살펴보았어요. 댕기물떼새는 갯벌에 숨어 있는 갯지렁이를 찾아서 그대로 꿀꺽 삼키지 않고 물가로 가져갔어요. 모래가 섞인 갯벌이라 갯지렁이에 모래가 묻은 모양이에요. 물에 살살 씻고 나서 꿀꺽 삼키더라고요.

아이들이 잠시 소란을 피우자 댕기물떼새는 '휘입' 하고 가는 휘파람 소리를 내며 날아가 버렸어요. 아이들은 날아가는 댕기물떼새의 꽁무니만 멀뚱멀뚱 쳐다보았죠.

큰물떼새
잠깐 쉬었다 가야지

제주도 서쪽 바닷가에 띠가 무성하게 자라는 비행장 터가 있어요. 아줌마가 4월 말부터 5월 초에 새를 관찰하러 자주 가는 곳이에요. 그 곳은 먼 바다를 건너온 새들이 처음 만나는 육지라 지친 새들이 많이 내려앉지요. 주변이 온통 감자 밭이어서 새들이 찾는 먹이도 많아요.

4월 초에 그 곳에 가 본 적이 있어요. 이동하는 새들을 보기에는 아직 이른지 새들이 눈에 띄지 않더라고요. 하는 수 없이 집으로 돌아가는데 농사를 짓기 위해 갈아 엎은 밭이 보였어요. 갈아 엎은 밭은 지렁이나 곤충이 많기 때문에 새들이 즐겨 찾는 곳이에요.

그 곳에 새가 있었죠. 눈썹선이 있고, 어두운 갈색에 연한 황갈색 비늘 무늬가 있는 걸 보니 어린 큰물떼새예요. 이제 막 바다를 건너와서 너무 지쳤는지 가만히 있었지요. 지친 새가 쉬는데 방해될까 봐 조용히 그 곳을 벗어났어요.

다음 날 다시 비행장 터에 갔어요. 근처 밭에서 곤충을 잡아먹는 새가 보였어요. 얼굴이 희고 가슴은 주황색이며, 가슴과 배의 경계 부분에는 검은색 띠가 있는 큰물떼새 수컷이었죠. 여름깃으로 완전히 털갈이를 해서 참 예뻤어요.

큰물떼새는 아줌마가 가까이 다가가도 도망가려 하지 않았어요. 사람을 별로 경계하지 않나 봐요. 덕분에 쌍안경 없이도 큰물떼새

여름깃으로 변하기 전의 수수한 모습.

큰물떼새

몸 길이 23~25cm
사는 곳 건조한 풀밭
나타나는 때 봄, 가을

날개에 비늘 무늬가 있는 어린 새. 금방 바다를 건너왔는지 지친 모습이다.

배에 검은색 띠가 나타나는 수컷. 덜 화려한 것을 보니 여름깃으로 완전히 털갈이 하지 못한 모양이다.

큰물떼새 겨울깃. 털갈이 시기는 개체마다 달라 봄철에는 큰물떼새들의 깃 색깔이 다양하다.

를 실컷 볼 수 있었죠.

　다음 날도 비행장 터에 갔는데 큰물떼새가 한 마리도 보이지 않았어요. 먹이를 먹고 기운을 차리자마자 급히 떠났나 봐요. 번식지로 가서 좋은 둥지 자리를 차지하려면 마음이 급했겠지요. 큰물떼새는 그 다음 날도 보이지 않았어요.

　큰물떼새들이 다 지나갔나 봐요. 해마다 같은 수가 지나가는 것 같지는 않아요. 머무는 시기도 다르고요. 어느 해에는 100여 마리가 일주일 정도 머물다 간 적이 있는가 하면, 어느 해에는 한 마리도 보이지 않거든요.

장다리물떼새
빨간 젓가락 한 쌍이 걸어갑니다

　모내기가 끝나고, 논에 벼가 제법 파릇파릇하게 자랐을 때예요. 빨갛고 긴 다리로 벼 사이를 사뿐사뿐 걸으며 물 위에 떠 있는 곤충을 잡아먹는 장다리물떼새를 봤어요.
　장다리물떼새는 검은 부리가 아주 가늘고, 검은 날개와 하얀 몸 아랫면이 뚜렷한 대조를 이뤄요. 암컷과 어린 새는 날개가 갈색을 띠지요. 그런데 장다리물떼새 다리에 뭔가 있는 게 보였어요. 누군가 가락지를 달아 놓았나 봐요.
　'서산 천수만 간척지에서 가락지를 달았다는 얘기를 들은 적이 있는데…….'
　장다리물떼새는 봄과 가을에 이동하는 나그네새지만, 1998년 충청남도 서산 천수만 간척지에서 번식하는 것이 처음 관찰되었어요. 그 후 몇 년 동안 번식을 계속했는데, 이 녀석들이 어디로 이동하는지 궁금해서 둥지에 있는 새끼를 잡아 다리에 가락지를 달았다고 해요.
　아줌마는 서산에서 가락지를 달아 보낸 장다리물떼새를 제주도에서 발견했다는 기쁨에 새를 연구하는 선생님께 얼른 전화를 걸었어요. 그런데 아줌마가 본 것은 왼다리에 분홍색과 파란색, 오른다리에 빨간색 가락지를 달고 있었는데, 서산에서는 빨간색 가락지를 달았다고 하셨어요.

얕은 물에서 먹이를 찾아 돌아다닌다.

장다리물떼새

몸 길이 35~38cm
사는 곳 논, 강 하구
나타나는 때 봄~가을

새 친구들
때로 몰려다니면 겁날 게 없어요. 물떼새 무리

무리지어 이동하다가 잠시 갯바위에서 쉰다.

물을 휘휘 저으며 먹이를 찾는다.

펄 표면에 있는 곤충을 콕콕 찍어 먹는다.

빨간 다리에 가락지가 보인다. 대만에서 가락지를 달아 보낸 장다리물떼새.

며칠 뒤 선생님이 자료를 살펴보고 전화하셨는데, 2004년에 대만에서 장다리물떼새 새끼한테 매단 가락지래요. 대만에서 태어난 장다리물떼새가 멀리 떨어진 우리 나라까지 왔다니, 정말 신기하죠?

대만에서 온 새라는 것을 알고 다시 장다리물떼새를 보러 논에 갔어요. 부리로 물 표면을 콕콕 찌르며 쉬지 않고 먹이를 먹고 있었죠. 논에 오래 머무르는 것을 보니 은근히 번식했으면 좋겠다는 생각이 들었어요. 논이 너무 작아 가능성은 없어 보이지만요.

그 곳을 벗어나 다른 습지로 갔어요. 거기에서도 장다리물떼새가 먹이를 찾아 먹고 있었어요. 그런데 먹이 잡는 모습이 조금 전 논에서 본 것이랑 달라요. 여기 있는 장다리물떼새들은 물 속에 부리를 집어 넣고 휘저으면서 먹이를 찾아요. 다들 환경에 적응해서 자신에게 맞는 방법을 터득한 것이겠죠?

꼬마물떼새
이 한 몸 망가져 새끼를 구할 수 있다면

사람들의 발길이 거의 닿지 않는 바닷가 모래톱에 갔어요. 그런데 사람들 발자국처럼 오목하게 파인 작은 구덩이가 여기저기 있고, 어떤 구덩이에는 누가 일부러 그런 듯이 부서진 조개껍데기가 깔려 있었어요.

'누가 여기에서 놀다 갔나?'

그 때 아줌마 근처에서 갑자기 '피유'하는 소리를 내며 꼬마물떼새 한 마리가 날아올랐어요. 깜짝 놀랐죠. 그런데 새는 멀리 달아나지 못하고 근처의 모래밭에 내려앉더니 다친 것처럼 한쪽 날개를 늘어뜨리고 퍼덕였어요.

'날개를 다쳤나?'

아줌마가 가까이 다가가자 꼬마물떼새는 멀리 날아갔어요.

'아하! 근처에 둥지가 있는 모양이군. 깜박 속았네.'

아줌마는 얼른 모래밭을 빠져 나와 몸을 숨겼죠. 조금 기다리자 꼬마물떼새가 나타나 처음 날아오른 곳으로 쪼르르 달려가서는 배를 대고 앉았어요. 알을 품는 모양이에요. 그러고 보니 부서진 조개껍데기가 깔린 구덩이가 꼬마물떼새 둥지였네요.

아줌마가 나타나 둥지 가까이 다가가자 꼬마물떼새는 아줌마를 둥지에서 멀리 보내려고 다친 척하며 아줌마를 유인한 거예요. 둥지 속에 있는 알을 보호하기 위해서죠. 이런 것을 '의태 행동'이라

밭에서 먹이를 찾아다닌다.

꼬마물떼새

몸 길이 14~17cm
사는 곳 강, 바닷가
나타나는 때 여름

보통 알을 4개 낳고 품는다.

위험이 닥치면 어미는 새끼를 배에 숨긴다.

새끼의 깃털 색은 주변의 색과 닮아 눈에 잘 띄지 않는다.

어린 새가 이동하다가 먹이를 찾으러 물가에 나타났다.

고 해요. 다친 시늉하며 적의 눈길을 끌면 적은 쉽게 잡을 수 있다고 여기고 어미 새를 잡으려 하겠죠? 그 때 달아나며 적을 알에서 멀리 떨어진 곳으로 유인하는 거예요. 적과 용감하게 싸워서 물리치는 방법도 있지만, 물떼새처럼 다친 척하며 적을 유인해서 알을 보호하는 것도 지혜로운 방법이에요.

열흘쯤 지나 그 곳에 다시 가 보았어요. 알에서 막 깬 듯 솜털이 난 새끼 세 마리가 모래톱 위를 돌아다녔어요. 알 품는 기간이 보통 22일 정도니까 아마도 아줌마가 처음 둥지를 발견했을 때 알을 품은 지 13일쯤 지난 모양이에요.

올망졸망한 새끼 새들이 귀여워서 한동안 눈을 떼지 못했죠. 아줌마가 나타난 것을 알아챈 어미 꼬마물떼새가 경계음을 내자 새끼들은 어미의 품 속으로 들어가 숨었어요.

그 밖의 물떼새 무리

흰물떼새

몸 길이 16~17cm
사는 곳 바닷가 모래밭, 갯벌
나타나는 때 1년 내내

수컷은 여름에 뒷머리가 갈색을 띠며, 검은 눈선이 있다. 암컷의 몸 윗면은 밝은 갈색이다. 모래를 오목하게 파고 알을 세 개 정도 낳는다.

왕눈물떼새

몸 길이 19~20cm
사는 곳 갯벌, 강 하구
나타나는 때 봄, 가을

다리는 어두운 회색이고, 검은 눈선이 있다. 이마는 희고, 목과 가슴의 경계에 가늘고 검은 줄무늬가 있다. 갯벌을 돌아다니며 곤충이나 갯지렁이를 잡아먹는다.

큰왕눈물떼새

몸 길이 23~25cm
사는 곳 갯벌, 강 하구
나타나는 때 봄, 가을

부리와 다리가 왕눈물떼새보다 길다. 다리는 노란색이며, 뒷목과 가슴은 주황색이다. 어린 새는 옅은 갈색 눈썹선과 가슴에 굵은 갈색 띠가 있다. 갯벌을 돌아다니며 곤충이나 작은 게를 잡아먹는다.

검은가슴물떼새

몸 길이 23~25cm
사는 곳 갯벌, 논, 풀밭
나타나는 때 봄, 가을

몸빛은 밝은 갈색을 띤다. 여름에는 턱과 앞목, 가슴, 배까지 검어지고 이마와 옆목, 옆구리를 연결하는 흰 띠가 뚜렷하다. 겨울에는 몸빛이 전체적으로 노란색을 띠는 갈색이다. 갯벌을 돌아다니며 곤충이나 지렁이를 잡아먹는다.

개꿩

몸 길이 28~31cm
사는 곳 갯벌, 강 하구
나타나는 때 봄, 가을, 겨울

여름에는 턱과 목, 가슴, 옆구리, 배가 검다. 겨울에는 몸이 어두운 회색이나 회색을 띠는 갈색이며, 아랫배는 희다. 갯벌에서 곤충이나 갯지렁이를 잡아먹는다.

민댕기물떼새

몸 길이 35~37cm
사는 곳 논, 습한 풀밭
나타나는 때 봄, 가을

노란 부리 끝이 검다. 머리와 목, 가슴은 회색이고, 가슴과 배의 경계에는 검고 굵은 줄무늬가 있다. 등은 갈색, 눈은 붉은색이다. 논을 돌아다니며 곤충이나 지렁이를 잡아먹는다.

우리가 얼마만큼
멀리 나는지 모르죠?
도요새 무리

좀도요 · 민물도요 · 세가락도요 · 청다리도요 · 삑삑도요 · 깍도요 ·
장거리 여행은 내게 맡겨 주세요! · 그 밖의 도요 무리

좀도요
작고 귀여운 너는 누구냐?

　5월에 바닷가에 가면 갯벌에서 먹이를 찾는 도요새와 물떼새를 많이 볼 수 있어요. 그 중에 좀도요는 몸집이 작아 세가락도요나 민물도요 등 다른 도요랑 섞여 있어도 쉽게 찾을 수 있어요.

　5월이면 머리와 목, 윗가슴 부위가 붉게 보이는 여름깃으로 털갈이를 한 녀석도 있고, 아직 회갈색을 띠는 겨울깃이 그대로 있는 녀석도 보여요. 하지만 다리는 모두 검은색이죠.

　혹시 다리에 가락지를 단 좀도요가 있나 살펴보았는데, 바닷가에는 없었어요. 그래서 근처 논을 둘러보러 갔죠. 논에서도 많은 새들이 먹이를 찾아 먹고 쉬거든요. 그런데 아줌마가 간 논에 벼는 없고 잡초만 무성했어요. 농사를 지어 먹고 살기 힘들어지니까 농사짓기를 포기했나 봐요. 논에 잡초가 무성하면 새들이 먹이를 찾아 먹기 힘들어요. 그래서인지 물이 얕게 고인 논에서 알락도요와 메추라기도요 몇 마리만 먹이를 찾고 있었어요.

　하는 수 없이 풀이 무성한 논둑길을 걸으며 좀도요를 찾아보았죠. 조금 떨어진 곳에 몸집이 작은 도요가 보였어요. 드디어 찾았다 싶었는데, 목을 곧추세우고 선 것이 좀도요와 달랐어요.

　'좀도요는 목을 곧추세우지 않는데, 그럼 종달도욘가?'

　그래서 얼른 다리 색을 보았죠.

　'어라! 다리가 검네. 좀도요가 맞는데…….'

무리지어 이동하다 갯바위에서 잠시 쉬는 모습.

좀도요

몸 길이 14~15cm
사는 곳 갯벌, 강 하구
나타나는 때 봄, 가을

바닷가 모래밭에서 먹이를 찾는다. 검은 다리가 눈에 띈다.

얕은 물에서 먹이를 찾는다.

다리에 노란색 가락지를 달았다. 좀도요의 이동 경로를 알아보기 위해 오스트레일리아에서 채운 것인데 제주도에서 관찰되었다.

몸집이 작은 도요가 물이 고인 곳으로 들어갔어요. 물 있는 데서 먹이를 잡는데, 다리가 노란색으로 바뀌는 게 아니겠어요?

'아하! 좀 전에는 다리에 진흙이 묻어 검게 보인 거구나.'

종달도요가 맞았어요. 종달도요와 좀도요는 크기와 모습이 아주 비슷하기 때문에 아줌마도 헷갈리는 때가 많아요.

민물도요
민물도요는 민물에서만 살까?

 도요새와 물떼새를 연구하는 일본 학자들과 함께 새를 관찰하고 조사한 적이 있어요. 해안 도로를 따라 바닷가를 살피며 천천히 가다가 새가 나타나면 멈추고 망원경으로 관찰하며 수를 세었죠. 3월 말이라 새들이 많지는 않았어요.

 그 때 작은 갯바위 뒤로 새들이 보였어요. 머리를 등에 파묻고 있어서 무슨 새인지 모르겠더라고요. 자세히 보려고 망원경을 들고 살금살금 다가가는데, 새들이 갑자기 날아오르더니 조금 떨어진 모래톱에 내려앉았어요.

 긴 부리가 아래로 휜 민물도요가 100마리도 넘었죠. 몸은 윗면이 회갈색이었어요. 여름이 되면 등은 붉은빛을 띠는 갈색으로 변하고, 배에 크고 검은 무늬가 생길 텐데, 아직 여름깃으로 변한 것은 한 마리도 없었어요.

 아줌마는 민물도요들이 이 곳에서 겨울을 지냈거나 좀 일찍 이동을 시작해서 번식지로 가던 중에 우리 나라에 잠시 들렀나 보다 생각했어요. 그런데 도요새를 연구한다는 일본 학자가 겨울을 지내는 민물도요, 봄과 가을 이동 시기에 보이는 민물도요, 모래 갯벌에서 보이는 민물도요가 조금씩 다르다고 하시는 거예요.

 아줌마 입이 떡 벌어졌죠. 도요새들 중에서 서로 다른 종을 구분하기도 어려워 애를 먹는 때가 있는데, 민물도요만을 그렇게까지

위험을 느끼면 잠시 꼼짝 않고 주변을 경계한다.

민물도요

몸 길이 18~20cm
사는 곳 갯벌, 강 하구
나타나는 때 봄, 가을, 겨울

여름에는 배에 검고 큰 무늬가 생긴다.

떼지어 날아다니기 때문에
적에게서 살아남을 확률이 높다.

바닷가 모래 갯벌에서 잠시 머물다 가는
민물도요들.

민물에서 먹이를 찾다 이동하는
민물도요들.

구분한다는 게 놀라웠거든요. 앞으로 더 열심히 관찰해야겠다고 결심하며, 긴 부리로 모래톱을 콕콕 찌르며 쉴새없이 먹이를 찾는 민물도요들을 바라보았죠.

민물도요는 도요새류 중에서 가장 흔히 볼 수 있죠. 봄과 가을에 큰 무리를 지어 이동하며, 일부는 우리 나라 바닷가에서 겨울을 나기도 해요.

바닷가에 사는데 왜 민물도요냐고요? 어쩌나…… 새 이름이 왜 그런지는 아줌마가 잘 모르는 부분이에요. 민물도요랑 더 친해지면 물어볼까요? 우리 함께 연구해 보자고요.

세가락도요
나 어디서 왔게?

파도가 높이 일면 모래톱에 해초들이 많이 밀려와요. 해초들 사이에는 곤충이나 작은 바다 생물들이 붙어 있는데, 새들도 그것을 잘 아나 봐요. 새들이 모래톱으로 몰려와 해초를 헤집으며 먹이를 찾거든요.

밤새 폭풍이 불기에 파도가 높이 일어 내일은 모래톱에 해초가 많이 밀려오겠다 싶었죠. 다음 날 모래톱으로 새들을 관찰하러 갔더니, 아니나 다를까 도요새와 물떼새들이 부지런히 해초를 헤집으며 먹이를 찾는 모습이 보였죠.

그런데 다리에 가락지가 달린 새들이 제법 눈에 띄었어요. 멀리 떨어져 있고, 잠시도 쉬지 않고 움직이는 새의 다리에 달린 가락지 색깔을 보기는 쉽지 않아요. 참을성과 끈기가 필요하죠. 아줌마도 망원경으로 한참을 관찰해서 겨우 확인했어요. 세가락도요는 주황색과 노란색, 좀도요는 노란색, 큰뒷부리도요는 흰색, 왕눈물떼새는 파란색 가락지를 달았어요.

세계 여러 나라의 새 연구자들은 새들이 어디에서 어디를 거쳐 어디로 이동하는지 알 수 있게 새의 다리에 지역별로 다른 색 가락지를 달아요. 그리고 새 다리에 달린 가락지를 관찰한 연구자들은 자기가 관찰한 것을 다른 연구자들에게 보내 서로 도우며 새들의 이동 경로를 밝혀 내죠.

오스트레일리아에서 가락지를 달고 우리 나라로 온 세가락도요.

세가락도요

몸 길이 20~21cm
사는 곳 바닷가 모래밭, 강 하구
나타나는 때 봄, 가을, 겨울

모래 갯벌에서 주로 먹이를 찾는다.

해초 사이에 붙어 있는 작은 바다 생물을 찾아 먹는다.

깃털 사이에 붙은 먼지를 떼어 내려고 차가운 물에서 목욕을 한다.

세가락도요는 봄과 가을 이동 시기에 보이는 나그네새지만, 겨울에도 종종 관찰된다.

어디에서 단 가락지인지 알아 내기 위해 새를 연구하는 선생님께 도움을 요청했어요. 아줌마 이야기를 들은 선생님은 자세한 정보가 들어 있는 팸플릿을 보내 주셨죠. 팸플릿을 살펴보다 아줌마가 본 세가락도요가 오스트레일리아 남부에서 온 것임을 알았어요. 세상에! 오스트레일리아는 우리 나라에서 비행기로도 꼬박 13시간이 걸리는 곳인데, 조그만 새가 그 먼 곳에서 날아오다니…… 정말 놀랍지 않아요?

세가락도요는 발가락이 세 개라 세가락도요라는 이름이 붙었어요. 봄, 가을, 겨울에 볼 수 있고, 부리와 다리가 검어요. 여름에는 머리와 목, 가슴, 등이 갈색을 띠지만, 겨울이 되면 이 부분이 흰색으로 바뀌어요. 날개를 접고 서 있으면 날개 때문에 옆구리가 검게 보이죠.

왕눈물떼새의 파란색 가락지는 일본 홋카이도에서 단 것이고, 좀도요의 노란색 가락지는 오스트레일리아 남서부에서 단 것이었어요. 특히 큰뒷부리도요는 뉴질랜드 북부에서 달았는데 누가 달았는지도 알 수 있어서, 가락지를 단 연구자에게 아줌마가 관찰한 것을 알려 주었어요. 그 분에게 고맙다는 인사까지 받았지요.

청다리도요
잊을 수 없는 도요

청다리도요는 아줌마에겐 정말 잊을 수 없는 새예요. 왜냐 하면 아줌마가 본격적으로 새를 관찰하러 다니기로 마음먹고 처음 나갔다가 만난 새거든요.

아줌마가 처음 새에 관심을 가지고 관찰하러 다니기 시작했을 때를 생각하면 지금도 웃음이 나와요. 집 근처에서 새를 보듯, 무작정 밖으로 나다니면 새를 볼 줄 알았으니까요. 그런데 막상 어디에 가야 새를 많이 볼 수 있을지 모르겠더라고요. 참 한심했죠?

그러다가 사람들에게 철새 도래지가 있다는 얘기를 들었어요. 그 때는 차도 없어서 버스를 타고 근처까지 가고, 또 한참을 걸어서 그 곳을 찾아갔어요. 주변에 갈대가 무성한 저수지였죠. 한 바퀴 돌아보았더니 쇠백로, 중대백로, 왜가리만 날아다니고 다른 새들은 없었어요. 정말로 철새 도래지가 맞는지 무척 실망스러웠죠.

지금 생각하면 새가 없는 것이 당연했어요. 그 때가 5월 말이었으니 새들이 벌써 떠나고 없었던 거죠. 하지만 그 때는 찾아가기만 하면 새들이 눈앞에 나타날 줄 알았어요.

더 있어 봐야 소용없겠다 싶어 돌아서려는데, 물가에 새 한 마리가 날아와 앉는 거예요. 아주 가까운 거리여서 쌍안경을 들고 관찰하는데, 도무지 무슨 새인지 모르겠더라고요. 도요새인 것 같기는 한데 종을 정확히 알 수 없었죠. 도요새는 초보자가 구분하기에 무

얕은 물에서 먹이를 찾아다닌다.

청다리도요

몸 길이 33~35cm
사는 곳 갯벌, 논, 습지
나타나는 때 봄, 가을

바닷가에서 먹이를 찾아다닌다.

해초에 붙어 있는 먹이를 찾는 청다리도요.

먹이를 발견하면 길고 뾰족한 부리로 콕 집어 먹는다.

날개 아랫면은 흰 바탕에 작은 점들이 있다. 날아오를 때 날개 아랫면의 색깔을 보고 구분하기도 한다.

척 어려운 새거든요.

 사진에서만 보다가 야외에서 처음 도요를 직접 보니까 이 도요 같기도 하고, 저 도요 같기도 하고 무척 헷갈리더라고요. 가져간 도감을 꺼내 보았죠. 새 한 번 쳐다보고 도감 한 번 보고, 또 새 한 번 쳐다보고 도감 한 번 보고 그랬어요. 그래도 모르겠어서 그 새의 색깔과 특징을 노트에 적었어요.

 집에 와서 노트에 적은 것과 도감을 비교해 보았어요.

 '부리는 길고 약간 위로 휜 듯하며, 등은 어둡고 다리는 노란빛을 띤 녹색이다. 몸 아랫면은 흰색…….'

 아줌마가 본 새는 청다리도요였어요. 청다리도요는 우리 나라에 가장 흔히 찾아오는 종이기 때문에 아줌마 눈에 띈 모양이에요.

삑삑도요
겨울에 나를 찾아보세요

 이른 봄이었어요. 물이 잘박잘박하게 고인 논에 먹이를 찾아다니는 새들을 살펴보니 모두 알락도요였어요. 알락도요는 흰 눈썹선이 뚜렷하고, 다리는 노란색이에요. 등과 날개는 어두운 갈색인데, 흰 반점이 있어요. 꼬리에는 흰 바탕에 가늘고 검은 줄무늬가 여러 개 있고요. 봄과 가을 이동 시기에 논에서 많이 관찰되죠.

 다른 새들이 없나 하고 논 근처에 있는 작은 습지로 갔어요. 그곳에 가끔 희귀한 새들이 찾아오거든요. 습지가 한눈에 보이는 곳에 자리를 잡고 관찰을 시작했어요. 풀이 무성한 습지 가장자리에 새 두 마리가 있었죠.

 '여기에도 알락도요뿐이네.'

 관찰을 그만두고 일어서려는데, 알락도요라고 하기에는 뭔가 미심쩍었어요. 좀더 자세히 관찰했죠. 눈썹선이 흰색이지만 알락도요처럼 눈 뒤쪽까지 뻗어 있지 않고, 눈 주위의 흰색이 뚜렷하게 보였어요. 등과 날개는 갈색이지만 알락도요와 달리 녹색을 많이 띠고, 흰 점 또한 작고 선명하지 않았어요.

 '알락도요가 아닌 것 같네. 무슨 새일까?'

 그 때 새가 날아올랐어요. 꼬리에 검고 굵은 줄무늬가 보였죠. 도감을 찾아보니 삑삑도요였어요.

 삑삑도요를 다시 본 것은 이듬해 1월쯤이에요. 겨울 바람이 몹시

삑삑도요는 알락도요처럼 흰 눈썹선이 눈 뒤쪽까지 뻗어 있지 않고 눈에서 뚝 끊긴다. 그리고 눈테는 아니지만 눈 주위가 흰색으로 뚜렷하게 둘러져 있다.

삑삑도요

몸 길이 22~24cm
사는 곳 논, 습지, 저수지
나타나는 때 봄, 가을, 겨울

얕은 물이 고인 습지에서 먹이를 찾는 모습.

물 표면을 콕콕 찍으며 먹이를 찾는다.

삑삑도요는 여름과 겨울의 깃 색깔이 거의 비슷하지만, 등에 있는 작은 점이 여름에 더 뚜렷하다.

불어 옷깃을 여미게 하는 날이었죠. 아는 분이 전화를 하셔서 도심지 근처 작은 개울에 도요새가 있는데, 도무지 무슨 새인지 모르겠다고 하시더라고요. 한걸음에 달려갔죠. 아줌마가 도착하자마자 이 녀석이 놀랐는지 멀리 날아가 버렸어요.

"삑삑도요네요."

전화하신 분이 놀라는 눈치였어요. 아줌마가 한눈에 알아보는 게 신기했나 봐요. 어떻게 한눈에 알아봤냐고요? 삑삑도요가 날아갈 때 꼬리를 보았거든요.

그런데 아줌마는 겨울에 삑삑도요를 본 것이 신기했어요. 그 때까지 아줌마는 도요새가 봄과 가을에만 볼 수 있는 나그네새인 줄 알았거든요. 집에 돌아와 자료를 찾아보니 우리 나라에서 겨울을 나기도 한대요. 새에 대한 공부는 끝이 없어서 더 재미있어요.

꺅도요
'꺅' 소리를 내며 줄행랑치는 도요

 벼 수확이 끝나 그루터기만 남은 논을 본 적이 있나요? 빈 논이 쓸쓸하다고 느낄 수도 있을 텐데 꼭 그렇지만은 않아요. 빈 논에 떨어진 낟알을 주워 먹으며 활기차게 겨울을 나는 새들이 있거든요. 물이라도 고여 있으면 새들에겐 낙원이 따로 없죠. 지렁이, 미꾸라지, 물풀 등 새들이 좋아하는 먹이가 많으니까요.

 겨울이 서서히 다가오는 11월, 들에 나가 봤어요. 꺅도요가 물이 고인 논을 부리로 콕콕 쑤시며 걸어가는 걸 봤어요. 진흙 펄에 숨어 있는 지렁이를 잡아먹느라 그러고 있었을 거예요.

 사람이라면 진흙에 발이 푹푹 빠져 잘 걷지 못할 텐데, 꺅도요는 몸도 가볍지만 발가락이 길어서 진흙 펄에 빠지지 않고 사뿐사뿐 잘도 걷죠. 꺅도요는 발가락만 긴 게 아니라 부리도 굉장히 길어요. 몸빛은 갈색을 띠는데, 주변의 마른 풀이랑 아주 비슷하죠.

 겨울이라 사람이 다니지 않는 논길에 사람이 나타나자, 꺅도요는 몸을 낮추고 꼼짝 않고 있다가 더 가까이 다가오니까 '꺅' 하고 날아가더라고요. 아줌마는 그 모습을 보고 웃음을 참을 수가 없었어요. 날아서 도망갈 때 '꺅' 소리를 낸다고 해서 꺅도요라는 이름이 붙었거든요.

 꺅도요류는 네 가지 종이 있어요. 꺅도요를 비롯해 바늘꼬리도요, 꺅도요사촌, 큰꺅도요인데, 아주 비슷하게 생겼지요. 이 새들

주변 환경과 깃털 색이 비슷해서 눈에 잘 띄지 않는다.

꺅도요

몸 길이 25~27cm
사는 곳 논, 습지
나타나는 때 봄, 가을, 겨울

위험을 느낀 꺅도요가 납작 엎드려서 꼼짝 않고 있다. 이러다가 도망갈 때는 '꺅' 소리를 낸다.

바늘꼬리도요. 꺅도요와 비슷하지만 부리가 꺅도요에 비해 조금 짧다.

큰꺅도요. 겉모습은 꺅도요와 비슷하지만 꺅도요 중 몸집이 가장 크다.

을 보면 구분하는 것을 포기하고 싶을 때가 많을 정도예요. 그래도 꺅도요는 비교적 구분하기 쉽죠. 꺅도요만 날아갈 때 '꺅' 소리를 내고, 날개 가장자리가 흰색이거든요.

죽어서 '꺅' 소리를 못 내더라도, 꼬리 모양과 꼬리깃 수로 구분할 수 있어요. 꺅도요는 꼬리깃이 14개 안팎이고, 바늘꼬리도요는 26개 안팎이며 바깥쪽에 있는 꼬리깃이 바늘처럼 가늘어요. 꺅도요사촌은 꼬리깃이 20개 안팎이고, 큰꺅도요는 18개지요.

꺅도요, 바늘꼬리도요, 꺅도요사촌, 큰꺅도요의 다른 부분 찾기에 도전해 보세요. 관찰력과 집중력을 기를 수 있을 거예요.

장거리 여행은 내게 맡겨 주세요!

　새들은 추위에 약하기 때문에 추위를 피해 이동하거나 먹이를 찾아 이동해요. 그리고 번식기가 되면 둥지를 틀기에 적합한 기후 조건이나 새끼를 키우기 위해 먹이가 풍부한 곳으로 이동하지요.

　이동하는 새들 중 가장 놀라운 새는 아마 도요새들일 거예요. 오스트레일리아나 뉴질랜드 등 남반구에서 드넓은 바다를 건너 시베리아나 알래스카까지 이동하거든요. 우리 나라는 도요새들이 이동하는 중간에 먹이를 먹어 에너지를 보충하고 지친 몸을 쉬는 중요한 지점이에요. 특히 서해안의 드넓은 갯벌은 도요새가 머물기에 아주 좋은 곳이죠. 해마다 도요새와 물떼새 수백만 마리가 이 곳에 온답니다.

　도요새와 물떼새들은 이동할 때 무리를 지어요. 몸집이 작은 도요새와 물떼새들은 맹금류의 먹이가 되기 쉬운데, 무리를 지으면 맹금류의 공격을 받더라도 살 확률이 높아지거든요. 100마리가 무리지어 가다가 한 마리가 맹금류의 먹이가 되었다면 살 확률이 99%잖아요.

　요즘 새 연구자들은 도요새들의 이동 경로를 알기 위해 다리에 가락지를 달아 보내는 작업을 하고 있어요. 도요새의 다리에 단 가락지는 나라마다 다르기 때문에 색깔을 보고 어디서 날아왔는지 알 수 있지요. 우리 나라에서는 도요새 45종이 관찰되는데, 수백만 마리나 되는 무리에서 가락지를 단 새들이 종종 눈에 띄죠.

그 밖의 도요 무리

종달도요

몸 길이 14~15cm
사는 곳 논, 습지
나타나는 때 봄, 가을

여름에는 몸 윗면이 갈색을 띠다가 겨울이 되면 옅어진다. 다리는 노란색이다. 가만히 서 있을 때 목을 곧추세운다. 논이나 민물 습지를 좋아하며, 물 속에 사는 무척추동물이나 곤충을 잡아먹는다.

흰꼬리좀도요

몸 길이 13~15cm
사는 곳 민물 습지, 강, 논
나타나는 때 봄, 가을

부리가 검고, 다리는 노란색을 띤다. 몸 윗면은 옅은 갈색이며, 목과 가슴은 회색이 도는 갈색이다. 바닷물보다는 민물인 습지나 논에서 물 속에 사는 무척추동물을 잡아먹는다.

메추라기도요

몸 길이 19~21cm
사는 곳 논, 내륙의 습지
나타나는 때 봄, 가을

붉은빛을 띠는 갈색 머리꼭대기와 흰 눈썹선이 뚜렷하다. 머리와 가슴, 등, 날개는 갈색을 띠며, 목과 가슴에는 검은 반점이 세로로 줄지어 있다. 습지에서 곤충이나 갑각류를 잡아먹는다.

그 밖의 도요 무리

붉은갯도요

몸 길이 18~20cm
사는 곳 갯벌, 논, 습지
나타나는 때 봄, 가을

부리는 길고 아래로 휘었으며, 민물도요에 비해 끝이 가늘고 휜 정도가 뚜렷하다. 부드러운 갯벌에 부리를 쑤셔 넣고 먹이를 찾는다.

붉은가슴도요

몸 길이 23~25cm
사는 곳 갯벌, 강 하구
나타나는 때 봄, 가을

몸은 통통하고 둥글며, 다리는 회색이 도는 노란색이다. 여름에는 얼굴과 목, 가슴, 배가 붉고, 겨울이 되면 붉은색이 사라진다. 갯벌에서 곤충과 연체동물을 잡아먹는다.

붉은어깨도요

몸 길이 26~28cm
사는 곳 갯벌, 강 하구
나타나는 때 봄, 가을

머리에 비해 부리가 길고, 끝이 아래로 약간 휘었다. 여름에는 어깨 부분에 붉은빛이 도는 갈색 깃털이 보이며, 가슴에는 크고 검은 반점이 모여 있다. 작은 조개 같은 연체동물이나 곤충을 잡아먹는다.

꼬까도요

몸 길이 21~23cm
사는 곳 바닷가, 갯벌
나타나는 때 봄, 가을

부리는 짧고 곧으며, 다리는 주황색이다. 여름에는 얼굴과 목, 가슴에 희고 검은 줄무늬가 뚜렷하다. 작은 돌이나 해초를 부리로 뒤집으며 갑각류나 곤충을 찾아 먹는다.

송곳부리도요

몸 길이 16~17cm
사는 곳 갯벌, 강 하구
나타나는 때 봄, 가을

긴 부리는 끝이 아래로 휘었다. 흰 눈썹선이 두 개로, 다른 도요류와 쉽게 구분된다. 예전에 비해 개체 수가 줄어 관찰하기 어렵다. 곤충이나 갯지렁이를 잡아먹는다.

지느러미발도요

몸 길이 18~19cm
사는 곳 먼 바다, 바닷가
나타나는 때 봄, 가을

가늘고 뾰족하며 검은 부리가 특징이다. 여름에는 옆목과 가슴이 붉은색이고, 겨울에는 붉은색이 사라지고 검은 눈선이 생긴다. 먼 바다를 통과하기 때문에 관찰하기 어렵다. 물 표면에 떠 있는 곤충을 잡아먹는다.

그 밖의 도요 무리

목도리도요

몸 길이 암컷 25cm, 수컷 30cm
사는 곳 논, 갯벌
나타나는 때 봄, 가을

여름에 수컷의 목과 머리에 붉은색, 흰색, 갈색 등의 장식깃이 생기는데, 목도리를 한 것 같아서 붙은 이름이다. 암컷은 장식깃이 없다. 논이나 갯벌에서 곤충이나 작은 갑각류를 찾아 먹는다.

학도요

몸 길이 29~31cm
사는 곳 논, 갯벌
나타나는 때 봄, 가을

부리는 가늘고 길며, 윗부리는 검은색, 아랫부리는 붉은색을 띤다. 다리는 붉은빛이 도는 검은색이다. 곤충이나 작은 새우를 잡아먹는다.

붉은발도요

몸 길이 27~29cm
사는 곳 논, 갯벌
나타나는 때 봄, 가을

붉은 부리는 끝으로 갈수록 검다. 다리도 붉고, 목부터 배까지 어두운 갈색 반점이 늘어서 있다. 곤충이나 지렁이를 잡아먹는다.

쇠청다리도요

몸 길이 22~25cm
사는 곳 민물 습지, 논
나타나는 때 봄, 가을

부리가 가늘고 곧으며, 머리는 작고 몸은 날씬하다. 여름에는 가슴과 옆구리에 검은 반점이 세로로 늘어서지만, 겨울에는 반점이 거의 사라지고 얼굴은 하얘진다. 민물이 고인 얕은 습지에서 작은 곤충이나 갑각류를 잡아먹는다.

뒷부리도요

몸 길이 22~24cm
사는 곳 갯벌, 강 하구
나타나는 때 봄, 가을

부리가 길고 위로 휘었다. 몸 윗면은 갈색을 띠는 회색이고, 다리는 노랗다. 여름에는 어깻죽지에 검은 띠가 보인다. 곤충을 주로 잡아먹는다.

알락도요

몸 길이 19~21cm
사는 곳 논, 민물 습지
나타나는 때 봄, 가을

흰 눈썹선이 길고 뚜렷하며, 다리는 노랗다. 몸 윗면은 어두운 갈색에 흰 반점이 흩어져 있다. 흰 꼬리에 가늘고 검은 줄무늬가 있다. 논에서 곤충을 잡아먹는 모습을 흔히 관찰할 수 있다.

그 밖의 도요 무리

노랑발도요

몸 길이 23~27cm
사는 곳 갯벌, 바닷가
나타나는 때 갑각류, 곤충

다리와 발이 노랗고, 몸 윗면은 어두운 회색을 띤다. 흰 눈썹선이 뚜렷해 가늘고 검은 눈선과 대조를 이룬다. 바닷가에서 갑각류나 곤충을 잡아먹는다.

깝작도요

몸 길이 19~21cm
사는 곳 개울, 바닷가
나타나는 때 여름

몸 윗면은 회색을 띠는 갈색이며, 흰 눈썹선이 특징이다. 이동하거나 서 있을 때 꼬리를 까딱거린다. 남쪽 지방에서는 겨울에도 드물게 관찰된다. 작은 조개류나 곤충을 잡아먹는다.

흑꼬리도요

몸 길이 36~41cm
사는 곳 갯벌, 논
나타나는 때 봄, 가을

노란빛을 띠는 분홍색 부리는 길고 곧으며 끝이 검다. 흰 눈썹선이 있고, 꼬리 끝도 검다. 갯벌이나 논에서 작은 무척추동물을 잡아먹으며, 간혹 씨앗을 먹기도 한다.

큰뒷부리도요

몸 길이 37~40cm
사는 곳 갯벌, 강 하구
나타나는 때 봄, 가을

다리가 검고, 분홍색 부리는 위로 휘었으며 끝이 검다. 여름에는 몸이 붉은빛을 띠며, 겨울이 되면 사라진다. 흰 꼬리에 가늘고 검은 줄무늬가 있다. 바닷가에 사는 무척추동물을 잡아먹는다.

큰부리도요

몸 길이 35~36cm
사는 곳 갯벌, 강 하구
나타나는 때 봄, 가을

검은 부리가 길고 곧다. 여름에는 몸이 붉은색을 띠며, 겨울이 되면 회색을 띤 갈색으로 털갈이를 한다. 갯벌에서 갯지렁이나 무척추동물을 잡아먹는다.

긴부리도요

몸 길이 27~30cm
사는 곳 진흙 펄, 논, 민물 습지
나타나는 때 불규칙함

부리가 길고 곧다. 여름에는 머리부터 배까지 적갈색이며, 겨울에는 회색이 도는 갈색이 된다. 긴 부리를 얕은 물이 고인 진흙 펄에 찌르면서 수서곤충을 잡아먹는다.

그 밖의 도요 무리

마도요

몸 길이 56~60cm
사는 곳 갯벌, 강 하구
나타나는 때 봄, 가을, 겨울

가늘고 긴 부리가 아래로 휘었다. 몸은 밝은 갈색을 띠며, 아래꼬리덮깃은 희다. 쉴 때 허리의 흰빛이 뚜렷하게 보인다. 갯벌이나 갯바위 틈에서 게나 새우 등을 잡아먹는다.

중부리도요

몸 길이 41~45cm
사는 곳 갯벌, 강 하구, 바닷가
나타나는 때 봄, 가을

마도요 가운데 중간 크기다. 부리는 가늘고 아래로 휘었다. 몸 윗면은 어두운 갈색이며, 머리꼭대기에 있는 흑갈색 줄무늬와 가는 눈선 때문에 눈썹선이 있는 것처럼 보인다. 갯벌이나 갯바위에 숨어 있는 게나 새우 등을 잡아먹는다.

쇠부리도요

몸 길이 29~30cm
사는 곳 풀밭
나타나는 때 봄, 가을

마도요 중 가장 작다. 부리가 짧고 끝이 아래로 약간 휘었다. 옅은 갈색 눈썹선이 넓다. 건조한 풀밭에서 곤충이나 지렁이를 잡아먹는다.

바늘꼬리도요

몸 길이 25~27cm
사는 곳 논, 민물 습지
나타나는 때 봄, 가을

부리가 다른 꺅도요보다 짧고, 날개 끝으로 드러난 꼬리 깃도 짧다. 꼬리를 펼쳤을 때 가장자리 깃이 바늘처럼 가늘고 길다. 긴 부리로 땅을 콕콕 찌르면서 지렁이를 잡아먹는다.

큰꺅도요

몸 길이 28~30cm
사는 곳 논, 민물 습지, 풀밭
나타나는 때 봄, 가을

꺅도요 중 가장 크다. 앉아 있을 때 꼬리가 날개 밖으로 많이 나온 것처럼 보인다. 지렁이를 주로 잡아먹는다.

멧도요

몸 길이 33~35cm
사는 곳 숲, 농경지
나타나는 때 봄, 가을

뒷머리에 검고 굵은 줄무늬가 있으며, 해질녘에 활동한다. 부리로 마른 땅을 콕콕 찌르며 지렁이를 주로 잡아먹는다.

숫자 3은 무얼까 맞혀 봐요
갈매기 무리

괭이갈매기 · 재갈매기 · 구레나룻제비갈매기 · 그 밖의 갈매기 무리

괭이갈매기
살아남기 위한 맹훈련, 떨어뜨린 돌멩이 잡기

바람이 세게 불고 추운 날 바닷가에 갔어요. 예상대로 모래톱에 갈매기들이 엄청나게 모여 있었죠. 날씨가 좋은 날은 먼 바다로 먹이 사냥을 가서 바닷가에 새들이 별로 없지만, 이런 날은 새들이 바닷가로 모여들거든요.

갈매기들이 1만 마리도 넘겠다 싶을 정도로 모였는데, 특히 괭이갈매기가 많이 보였어요. 괭이갈매기는 등과 날개가 짙은 회색이고, 부리와 다리는 노란색이에요. 부리 끝에 검은색과 붉은색 띠가 있어요. 흰색 꼬리 끝에는 굵고 검은 띠가 있고요. 어린 괭이갈매기는 괭이갈매기가 맞나 싶을 정도로 어미 새와 달라요. 어린 새의 부리는 분홍색이고 끝이 검어요. 다리도 분홍색이고, 몸 전체가 어두운 갈색이지요.

그런데 어린 괭이갈매기가 재미있는 행동을 했어요. 작은 조약돌을 부리로 물고 날아올랐다가 떨어뜨리고는 그 돌을 잡으려고 쏜살같이 내려가더라고요. 그리고 다시 조약돌을 물고 하늘로 날아올랐죠. 어떤 녀석은 놓친 조약돌이 물 속에 빠지니까 풍덩 하고 물 속까지 들어가서 물고 나오더라고요. 또 어떤 녀석은 물 위에 떠 있는 해초를 낚아챘다가 떨어뜨리며 놀았어요.

어린 괭이갈매기의 이런 행동은 추위에도 아랑곳하지 않고 장난치느라 여념이 없는 아이들처럼 보이지만, 먹이 잡는 연습을 하는

하늘을 날며 물 위에 떠다니는 먹이를 찾는 모습.

괭이갈매기

몸 길이 46~47cm
사는 곳 바닷가, 강 하구
나타나는 때 1년 내내

어미 새. 등과 날개는 짙은 회색이고, 부리와 다리는 노란색이다. 부리 끝에 붉은색과 검은색 띠가 있다.

어린 새. 1년생으로 어미 새와 달리 부리와 다리는 분홍색이고, 부리 끝이 검다.

무인도에서 무리지어 번식하는데, 둥지를 벗어난 새끼는 다른 어미 새의 공격을 받아 죽기도 한다.

해안가에서 매의 먹이가 되기도 한다.

거예요. 어린 괭이갈매기는 어미가 시키지 않아도, 눈보라가 몰아쳐도 이런 연습을 계속하죠. 그렇지 않으면 혹독한 자연 환경에서 살아남을 수 없거든요.

괭이갈매기는 우리 나라에서 흔하게 번식하는 텃새예요. 울음소리가 고양이와 비슷하다고 해서 이름에 '괭이'가 붙었어요. 우리 나라에서 괭이갈매기가 번식하는 홍도는 천연기념물로 지정되었어요. 동해안의 독도와 서해안의 비무장 지대에 있는 무인도에서도 번식하죠. 괭이갈매기들은 집단으로 번식하는데, 둥지에서 벗어나 어미를 잃어버린 새끼는 다른 어미 새의 공격을 받아 죽기도 한답니다.

강화도에서 배를 타고 섬으로 들어가는데 괭이갈매기들이 몰려들어 배를 졸졸 따라오더라고요. 왜 그러나 싶었는데 배에 탄 사람들이 과자를 던지는 거예요. 그러자 괭이갈매기가 과자를 낚아채 먹었어요. 사람들은 재미있다고 계속 과자를 던지는데, 아줌마는 야생의 모습을 잃어 가는 괭이갈매기의 모습이 안타깝고 왠지 씁쓸했어요.

재갈매기
낚싯바늘이 무서워요

 썰물이 빠져 나간 갯벌에서 사람들이 조개를 캐고 있어요. 그 곳에서 조금 떨어진 작은 갯바위에 갈매기 한 마리가 앉아 있고요. 머리와 배가 흰색이고, 등과 날개는 회색인 재갈매기예요.

 재갈매기는 다리가 분홍색이고, 부리는 노란색이에요. 노란 부리 끝에 붉은 반점이 있는데, 새끼들이 배가 고플 때 이 반점을 톡톡 쳐서 배고픈 것을 알린답니다.

 그런데 조개 캐는 사람들이 점점 가까이 다가가도 재갈매기는 날개만 몇 번 퍼덕이다 마는 거예요.

 '이상하다, 어디 아픈가?'

 걱정스러워 계속 지켜보았어요. 재갈매기는 날개를 퍼덕일 뿐, 날아가지는 못하고 제자리걸음만 했어요. 뭔가 잘못된 것 같아 살펴보려고 다가갔어요. 아줌마가 다가가자 재갈매기는 필사적으로 날갯짓을 해 보지만 소용없어요.

 가까이에서 보니 낚싯바늘을 삼켰는지 재갈매기 입에 낚싯줄이 엉켜 있어요. 그 낚싯줄이 갯바위 틈에 끼어 꼼짝도 못 하는 거죠. 재갈매기를 잡아서 부리를 벌려 봤지만 목 깊숙이 들어갔는지 낚싯바늘이 보이지 않아요. 빼낼 수 있을까 하고 이렇게 저렇게 해 봤지만 소용없었죠. 결국 낚싯바늘 빼는 것을 포기하고 낚싯줄만 끊어서 날려 보냈어요. 조금 있으면 밀물 때라 물에 빠져 죽을 뻔

가슴과 배에 시꺼멓게 기름이 묻었다. 기름이 묻으면 체온이 유지되지 않아 죽고 만다.

재갈매기

몸 길이 60~63cm
사는 곳 바닷가, 강 하구
나타나는 때 겨울

재갈매기는 3년이 지나면 번식하는데 날개는 회색이고 몸 아랫면은 흰색이다.

1년생 어린 새.
재갈매기는 알에서 깨어 처음 털갈이를 하면 몸빛이 어두운 갈색을 띤다.

2년생 어린 새.
재갈매기는 보통 3년이 지나야 어미 새가 되기 때문에 아직 번식할 능력이 없다.

날면서 먹이를 찾는다.
재갈매기들은 물고기를 사냥하거나 죽은 물고기를 먹는다.

했는데 그나마 다행이죠.

　바닷가에 가면 가끔 낚싯줄을 입에 매단 채 죽은 물고기를 볼 수 있어요. 어부나 낚시꾼이 잡다가 버린 물고기들이죠. 이 물고기들은 재갈매기의 먹이가 돼요. 그러나 아주 위험한 먹이죠. 물고기를 통째로 삼키다가 낚싯바늘이 목에 걸리기도 하고, 물고기를 뜯어 먹다가 낚싯바늘이 부리에 걸려 다치기도 하거든요. 이런 일을 당하면 재갈매기들은 대부분 죽어요.

　위험한 것은 이뿐만 아니에요. 버려진 낚싯줄에 날개나 목이 감겨 죽기도 하고, 선박에서 버린 기름이 깃털에 묻으면 보온 능력이 떨어져 추위에 떨다가 죽어요. 사람들이 무심코 버린 비닐 봉지를 목에 달고 날아다니는 재갈매기를 본 적도 있어요. 우리가 조금만 조심하면 편안히 겨울을 지내다 고향으로 돌아갈 재갈매기들인데, 너무나 안타깝죠.

구레나룻제비갈매기
누가 이름을 붙인 거야? 난 구레나룻이 없는데……

바쁜 일이 많아 오랜만에 저수지를 찾았어요. 저수지는 물새들을 쉽게 관찰할 수 있어 틈 나는 대로 들르는 곳이거든요. 물 위에서 오리 몇 마리가 헤엄치고, 저수지 한가운데 있는 바위에 새 두 마리가 앉아 있었어요. 그런데 너무 멀어서 무슨 새인지 알아보기 어려웠죠. 이런 때는 한참을 뚫어져라 쳐다보며 범위를 좁혀 가는 게 좋아요.

'갈매기 무린데…… 그 중에서 제비갈매기류로 보이고, 머리에 검은 모자를 쓴 것 같네. 부리는 붉은색인데 끝이 검고…… 날개와 등, 꼬리는 회색, 가슴과 배는 검은색, 다리는 붉은색이네. 아하!'

구레나룻제비갈매기예요. 구레나룻은 귀 밑에서 턱까지 난 수염이고, 구레나룻제비갈매기라는 이름은 영어 이름 'Whiskered Tern'을 해석한 거예요. 'Whiskered'가 '구레나룻이 난'이고, 'Tern'이 제비갈매기거든요. 아줌마가 보기에 구레나룻이 있는 것 같지 않은데, 이 제비갈매기를 처음 보고 이름을 지은 사람은 무엇 때문인지 엉뚱한 이름을 붙여 놓았네요. 새 이름은 그 새를 처음 발견한 사람이 붙이는 경우가 많거든요. 보통은 그 새의 특징을 잘 나타내는 이름을 붙이지만, 그렇지 않은 경우도 있어요. 재미있는 예를 하나 들어볼까요?

2006년 태풍이 지나간 뒤에 우리 나라에서는 한 번도 관찰된 적

쫙 펼친 꼬리는 부채 모양이다. 꼬리를 펼치지 않았을 때 제비 꼬리처럼 가늘고 깊게 파이는 제비갈매기도 있는데, 구레나룻제비갈매기는 꼬리 끝이 완만하게 들어간다.

구레나룻제비갈매기

몸 길이 23~25cm
사는 곳 바닷가, 저수지
나타나는 때 봄, 가을

말뚝에 앉아 쉰다.

배에 검고 큰 무늬가 있는 것으로 보아 여름깃이다. 겨울에는 배가 하얗다가 여름이 되면서 검게 변한다.

물 위에서 정지 비행을 하며 먹이를 찾는다.

정지 비행을 하다가 먹이를 찾으면 쏜살같이 내려가 물 속에서 부리에 고기를 물고 나온다.

이 없는 제비갈매기가 나타났어요. 그 제비갈매기를 처음 발견한 사람이 새 이름을 '에위니아제비갈매기'라고 지었어요. 그 때 분 태풍이 '에위니아' 거든요. 태풍 때문에 그 새를 보았다고 그렇게 지은 거지요.

돌 위에 앉아 깃털을 다듬던 구레나룻제비갈매기는 조금 뒤 물 위를 날아다니며 먹이 사냥을 했어요. 날 때 보니까 날개 안쪽이 흰색이에요. 물고기가 보이면 잠시 정지 비행을 하다가 수직으로 물 속에 뛰어들어 물고기 한 마리를 잽싸게 채어 물고 나왔어요.

전에는 구레나룻제비갈매기가 무리짓지 않는 줄 알았어요. 볼 때마다 1~2마리만 눈에 띄었거든요. 그런데 바람이 많이 불고 비가 오던 날, 저수지에 갔다가 구레나룻제비갈매기 27마리가 물 위를 날아다니며 먹이 사냥하는 것을 봤어요. 날씨가 좋지 않으니까 바다를 떠나 잠시 피난 왔나 봐요.

구레나룻제비갈매기도 물에서 주로 생활하기 때문에 발가락 사이에 물갈퀴가 있어요. 쉴 때 보통 편평한 곳을 찾는 것도 그 때문이죠. 그런데 어떤 녀석은 전깃줄에 앉기도 하더라고요. 물갈퀴 때문에 가는 전깃줄에 앉지 못할 거라고 생각했는데, 바람이 불어 전깃줄이 흔들려도 꿋꿋이 앉아 있었어요.

그 밖의 갈매기 무리

세가락갈매기

몸 길이 38~40cm
사는 곳 바다, 바닷가
나타나는 때 겨울

머리와 몸 아랫면이 희다. 몸 윗면은 푸른빛이 도는 회색이고, 부리는 노란색이다. 물 위를 날다가 다이빙하듯 작은 물고기를 잡아먹는다.

갈매기

몸 길이 42~44cm
사는 곳 바닷가, 강 하구
나타나는 때 겨울

날개와 등은 회색이고, 부리와 다리는 노랗다. 어미 새는 꼬리가 희지만, 어린 새는 꼬리 끝이 검다. 작은 물고기를 주로 잡아먹는다.

붉은부리갈매기

몸 길이 37~42cm
사는 곳 바닷가, 강 하구
나타나는 때 겨울

부리와 다리가 붉다. 여름에는 머리가 어두운 갈색이지만, 겨울에는 하얗다. 겨울에 바닷가나 강 하구에서 무리를 지어 지낸다.

노랑발갈매기

몸 길이 58~64cm
사는 곳 바닷가, 강 하구
나타나는 때 겨울

머리와 몸의 아랫면은 희고, 몸 윗면은 푸른빛이 도는 회색이다. 이름과 달리 다리가 분홍색인 개체가 많다. 물고기를 사냥하거나 동물의 사체를 먹는다.

큰재갈매기

몸 길이 65~67cm
사는 곳 바닷가, 강 하구
나타나는 때 겨울

갈매기들 가운데 등과 날개 색이 가장 짙다. 꼬리는 희고, 다리는 분홍색이다. 눈 주위가 어두운 편이다. 바닷가에서 물고기를 사냥하거나 동물의 사체를 먹는다.

흰갈매기

몸 길이 68~71cm
사는 곳 바닷가, 강 하구
나타나는 때 겨울

몸이 전체적으로 희고, 날개는 밝은 회색이다. 다리는 분홍색이고, 노란 부리 끝에 붉은 반점이 있다. 물고기를 주로 먹는다.

그 밖의 갈매기 무리

쇠제비갈매기

몸 길이 22~25cm
사는 곳 바닷가, 강 하구
나타나는 때 봄, 여름, 가을

부리가 노랗고, 꼬리는 깊이 파인 제비 꼬리형이다. 이마는 희고, 머리는 검다. 강 하구 모래섬에서 무리지어 번식하며, 수컷은 잡은 물고기를 암컷에게 주며 사랑을 구하기도 한다.

붉은부리큰제비갈매기

몸 길이 48~55cm
사는 곳 바닷가, 호수
나타나는 때 불규칙함

굵고 긴 부리는 붉은색이며 끝이 검다. 뒷머리도 검은데, 겨울이 되면 이 부분이 어두운 회색으로 바뀐다. 물 위를 날다가 물고기가 보이면 잽싸게 내려가서 부리로 낚아챈다.

저축을 가장 많이 하는 새

먹이가 풍부한 계절에 부리로 먹이를 하나하나 모아서 자기만 아는 곳에 숨겨 두는 새들이 있어요. 먹이가 없는 계절이 되면 저장한 먹이를 찾아 먹죠. 어치라는 새를 안다면 아마 고개를 끄덕일 거예요. 그런데 새들은 먹이를 얼마나 많이 저장할까요?

　북미에 사는 도토리딱다구리(Acorn Woodpecker)는 고목에 작은 구멍을 파서 그 속에 도토리를 저장하는데, 고목을 빽빽이 메운 도토리를 세어 보니 5만 개나 되었다고 해요. 유럽에 사는 잣까마귀는 개암을 저장하는데, 모아 둔 개암을 세어 보니 무려 10만 개나 되었대요. 먹이를 이렇게 많이 저장한 새들은 겨울이 와도 걱정 없을 거예요. 그런데 그걸 다 먹기는 할까요?

우리 동네 명가수
소리가 예쁜 새들

굴뚝새 · 딱새 · 박새 · 동박새 · 멧새 · 그 밖의 멧새 무리 ·
방울새 · 울새 · 황금새 · 휘파람새 · 그 밖의 목소리가 예쁜 무리

굴뚝새
귀염둥이 성악가

4월이 되면 계곡에는 아름다운 소리가 울려 퍼져요. '찌찌 쪼로 쪼로 쪼로로로로로…….' 무슨 소리냐고요? 굴뚝새 수컷이 암컷에게 잘 보이려고 목청을 가다듬는 거예요.

굴뚝새는 사람을 별로 무서워하지 않아요. 옛날에는 초가집 처마에도 둥지를 틀곤 했는데, 지금은 계곡이나 숲의 바위 틈, 흙이 무너져 나무 뿌리가 드러난 곳 등에 이끼를 물어다 둥지를 틀죠.

새도 관찰하고 바람도 쐴 겸, 오래 된 절에 갔어요. 절 주변은 찾아가기도 쉽고, 숲이 잘 보존되어 새를 보기에 좋은 곳이에요. 절 옆으로 흐르는 작은 계곡이 있어, 맑은 물에 손을 담갔어요. 어찌나 시원한지 땀이 쏙 들어갔죠. 바위에 앉아 쉬면서 주변을 둘러보는데, 계곡을 따라 굴뚝새 한 마리가 올라오다가 갑자기 사라졌어요. 조금 있으니까 계곡 아래에서 굴뚝새 한 마리가 또 올라오더니, 방금 전에 새가 사라진 곳에서 또 사라졌어요.

둥지가 있나 보다 하고 조심스레 새가 사라진 곳으로 다가갔어요. 흙이 무너지면서 나무 뿌리들이 드러나고, 그 안쪽으로 굴처럼 깊게 들어간 곳이었어요. 굴뚝새가 나갈 때까지 기다렸다가 그 안을 살짝 들여다보았어요. 나무 뿌리 사이에 이끼로 지은 둥지가 보였어요. 눈에 잘 띄지 않고, 비 맞을 염려도 없는 절묘한 곳이었죠.

둥지에 새끼들이 있는 것 같아 굴뚝새가 오기 전에 얼른 그 곳을

키 작은 나무 사이를 돌아다니며 먹이를 찾는 모습.

굴뚝새

몸 길이 10~11cm
사는 곳 숲
나타나는 때 1년 내내

계곡 바위에서 목청을 높이며 짝을 찾는다.
4월이 되면 계곡은 굴뚝새의 합창 소리로 유쾌해진다.

굴뚝새 둥지. 흙이 무너지면서 뿌리가 드러났는데, 그 사이에 이끼로 둥지를 지었다. 비를 맞지 않고 들킬 염려도 없으니 정말 좋은 둥지 자리다.

나뭇가지 사이를 돌아다니며 먹이를 찾는다.
굴뚝새는 꼬리를 치켜세우고 돌아다닌다.

뒷모습. 굴뚝새는 몸 길이가 10cm밖에 안 되는데다 꼬리를 치켜세우고 돌아다니기 때문에 더 작아 보인다.

벗어났어요. 굴뚝새가 본다면 자신의 둥지가 아줌마에게 들켰다고 생각해서 둥지와 새끼를 포기할 수도 있거든요. 멀리서 쌍안경으로 관찰하니 굴뚝새가 부리에 먹이를 물고 들어가는 게 보였어요.

  새끼들이 둥지를 떠날 때가 지나서 다시 그 절에 갔어요. 굴뚝새는 가짜 둥지를 여러 개 만든다고 들었는데, 정말로 그런지 확인해 보고 싶었거든요. 둥지 주변을 샅샅이 뒤졌어요. 아니나 다를까 큰 바위 틈에서 거의 완성된 굴뚝새 둥지를 찾아 냈고, 계곡 위쪽에서도 짓다 만 굴뚝새 둥지를 두 개나 더 찾았어요. 가짜 둥지를 눈으로 직접 보니 궁금증이 확 풀렸어요.

딱새
신발장은 내 고향

"선생님! 새끼 한 마리가 둥지에서 떨어졌는데 어떡해요?"

전화기 너머로 은정이의 다급한 목소리가 들렸어요. 은정이는 새를 좋아해서 아줌마와 잘 통하는 중학생 친구예요.

"둥지를 떠나다 떨어진 걸 거야. 그냥 두면 어미가 데려갈 테니 너무 걱정하지 마."

아줌마는 일단 은정이를 안심시켰죠.

"아직 솜털이 있는 작은 새낀데요?"

아줌마는 은정이에게 차근차근 말해 보라고 했죠.

"여기는 할머니 댁인데요, 딱새가 신발장에 둥지를 틀었어요. 어미가 새끼에게 부지런히 먹이를 물어다 먹이는 걸 구경하다가 점심 먹고 나오니까 새끼 한 마리가 아래에 떨어져 있는 거예요."

얘기를 다 듣고 나서 일단 새끼 새를 그대로 두고 어미 새의 반응을 보라고 했어요. 어미가 아무런 반응을 보이지 않으면 저녁에 새끼를 둥지에 올려놓으라고요. 그렇지 않으면 고양이 밥이 될 수도 있거든요.

다음 날 은정이에게 다시 전화가 왔어요. 어미 새가 반응을 보이지 않아 새끼 새를 둥지에 올려놓았대요. 아침부터 둥지를 살펴보니 어미가 다른 새끼들에게는 먹이를 먹이는데, 바닥에 떨어졌던 새끼에게는 전혀 관심을 주지 않는다는 거예요.

나뭇가지에 앉아 주변을 살피는 수컷.

딱새

몸 길이 14cm
사는 곳 숲 가장자리, 덤불
나타나는 때 1년 내내

딱새 수컷. 이마에서 뒷목까지는 회색, 날개는 검은색인데 크고 흰 반점이 있다. 가슴과 배가 주황색이라 화려하게 보인다.

딱새 암컷. 수컷과 달리 전체적으로 옅은 갈색이다.

딱새는 숲 속보다는 숲 가장자리처럼 외부로 넓게 트인 공간을 좋아한다. 사람을 별로 경계하지 않아 관찰하기도 편하다.

"새끼 새에게 문제가 있나 보다. 어미 새는 문제가 있는 새끼는 냉정하게 포기하거든."

아줌마 설명을 들은 은정이는 어미 새가 어떻게 그럴 수가 있냐며 울먹울먹했어요. 건강하게 자랄 수 없는 새끼는 냉정하게 포기하는 게 자연의 법칙이라는 것을 이해하기에는 은정이가 아직 어린가 봐요.

딱새가 신발장에 둥지를 튼 것은 그리 신기한 일도 아니에요. 사람을 겁내지 않기 때문에 집 안의 선반이나 오랫동안 세워둔 자동차 발판에 둥지를 틀기도 하거든요.

딱새는 앉아 있을 때 꼬리를 까딱거리며 '딱딱' 소리를 낸다고 딱새라는 이름이 붙었어요. 곤충이나 거미를 주로 잡아먹어요. 숲 속보다는 숲 가장자리를 좋아해서 쉽게 볼 수 있어요. 수컷은 이마에서 뒷목까지는 회색이고, 턱과 앞목, 날개는 검은색, 가슴과 배는 주황색이에요. 암컷은 전체적으로 옅은 갈색이고요.

박새
집배원 아저씨, 편지 왔어요?

"시찌비시찌비……."

따사로운 5월 햇살에 꾸벅꾸벅 졸다가 창 밖에 있는 나무에서 새가 지저귀는 소리에 눈을 떴어요. 턱에서 꼬리까지 까만 줄무늬가 눈에 띄었죠. 검은 넥타이가 잘 어울리는 박새예요. 사람을 겁내지 않는 새가 몇 종 있는데, 그 가운데 하나죠.

박새가 나뭇가지 사이를 돌아다니다가 곤충 애벌레를 잡았어요. 부리에서 꿈틀거리는 애벌레를 나뭇가지에 탁탁 쳐서 기절시키더니 어디론가 날아가더라고요. 창문을 열고 날아가는 방향을 살펴보았죠. 먹이를 물고 날아간다는 것은 새끼가 있다는 뜻이거든요.

날아간 박새는 문 앞에 나무로 만든 빨간 우편함으로 쏙 들어갔어요. 세상에! 우편함에 둥지를 튼 거예요. 어미 새가 어디론가 날아가는 것을 보고 우편함을 열어 보았죠. 이끼를 쌓아 만든 둥지에서 새끼 새들이 어미가 온 줄 알고 부리를 크게 벌리며 먹이를 달라고 아우성이었어요. 어미 새가 오기 전에 얼른 문을 닫고 멀리서 우편함을 살펴봤죠. 어느 새 먹이를 물고 나타난 박새가 나뭇가지에 앉아 주변을 살피다가 편지 넣는 구멍으로 쏙 들어갔어요. 새끼들을 먹이느라 암컷과 수컷이 번갈아 가며 부지런히 들락날락거렸어요.

그 때 '부르릉' 하고 오토바이 소리가 들리더니 집배원 아저씨가

주변을 살피며 먹이를 찾는 모습.

박새

몸 길이 14cm
사는 곳 숲, 공원
나타나는 때 1년 내내

아줌마네 우체통에 둥지를 튼 박새 부부.

어미 새는 새끼들에게 영양분이 풍부한 곤충 애벌레를 잡아다 먹인다.

인공 새집에도 자주 번식한다.

새끼가 어미에게서 독립해 스스로 먹이를 찾아 먹는다.

나타났어요. 지나가는 집배원 아저씨를 불러서 앞으로 우편함에 편지를 넣지 말고 문 앞에 놓아 달라고 부탁했어요. 10일 정도 지나면 새끼들은 우편함 둥지를 떠날 거예요.

박새는 주로 나뭇구멍이나 벽 틈에 둥지를 틀어요. 사람들이 매달아 놓은 새집에도 곧잘 둥지를 틀고요. 새끼들이 둥지에서 나간 뒤 우편함을 열어 보니 이끼를 잔뜩 쌓아 둥지를 지었어요. 밥그릇 모양 알자리에는 개털을 푹신하게 깔았더라고요.

내년에도 우편함에 둥지를 틀라고 우편함 속에 있는 둥지를 털어 내고 깨끗이 청소했어요. 청소하지 않고 그대로 두면 둥지 재료들이 썩거나 기생충이 남아 다시는 이용하지 않거든요.

동박새
동백꽃 꿀을 좋아해 동박새랍니다

 붉은 동백꽃이 피면 동백나무 사이를 날아다니며 꽃 속에 있는 꿀을 빨아먹는 새가 있어요. 동박새는 꽃잎에 매달려 꿀을 빨아먹을 정도로 작고 가볍죠. 몸 윗면은 노란색을 띤 녹색이고, 턱은 노란색이에요. 배는 흰색이고, 가슴 옆과 옆구리는 갈색을 띠죠. 흰색 눈테가 뚜렷해요.

 동박새는 여름에는 곤충을 잡아먹지만, 겨울이 되면 꽃에 있는 꿀이나 귤 같은 과일을 주로 먹어요. 그 중에서도 동백꽃이나 매화꽃에 있는 꿀을 좋아하죠. 아줌마도 어릴 적에 동백꽃을 따서 그 속에 있는 꿀을 빨아먹었는데, 아주 달고 양도 제법 많았어요. 1년 내내 잎이 푸른 동백나무가 따뜻한 남쪽 지방에서만 자라기 때문에, 동박새는 주로 우리 나라 남쪽 지방에서 볼 수 있어요.

 아줌마가 아끼는 중학생 은정이는 새를 아주 좋아해요. 시간 날 때마다 새를 관찰하러 다니고, 자신이 본 새는 꼭 메모를 해서 자료를 찾아볼 정도로 새에 빠졌어요.

 은정이는 동박새 때문에 새가 더 좋아졌다고 해요. 동박새에 대한 자료를 찾다가 꽃의 꿀이나 귤과 같은 과일을 먹는다는 사실을 알고, 동박새를 집 앞으로 불러들이고 싶어서 귤을 반 갈라 매달아 두었대요. 그랬더니 신기하게도 정말 동박새가 찾아와서 귤을 먹고 가더래요. 그 일이 있은 뒤 은정이는 더 신이 나서 새를 보러 다

동백꽃의 꿀을 맛있게 빨아먹는 모습.

동박새

몸 길이 11~12cm
사는 곳 숲, 공원
나타나는 때 1년 내내

매화꽃에 앉아 꿀을 빨아 먹는 장면이 한 폭의 동양화처럼 예쁘다.

동백꽃의 꿀을 빨아먹기 위해 부리를 꽃 속으로 깊숙이 집어 넣기 때문에 부리에 꽃가루가 묻어서 노랗게 보이는 경우가 있다. 동박새가 동백꽃의 꽃가루를 다른 동백꽃으로 옮겨 주는 구실도 한다.

동박새는 귤 중에서도 가장 맛있는 귤을 먹기 때문에 동박새들이 먹다 남긴 귤은 정말 꿀맛이다.

숲 속 작은 웅덩이에 동박새들이 모여 물을 마시고 목욕도 한다.

닌답니다.

  11월이 되면 귤이 노랗게 익죠. 귤이 익을 때쯤 과수원은 동박새들 세상이에요. 노랗게 익은 귤을 먹기 위해 찾아오거든요. 동박새는 부리가 작고 약해서 귤 껍질을 직접 뚫지 못해요. 그래서 직박구리나 흰배지빠귀가 먹다 남긴 귤의 즙을 빨아먹죠.

  여름이 되면 동박새는 과수원의 나무에 둥지를 틀기도 해요. 가는 나뭇가지에 둥지를 매다는데, 잎이 무성한 곳에 둥지를 틀기 때문에 잘 보이지 않아요. 이끼와 가는 뿌리, 마른 풀로 지은 둥지는 거미줄로 나뭇가지와 연결되어 있어요.

멧새
둥지를 지키기 위한 어미 새의 속임수

들에 나가면 억새 줄기나 풀 줄기에 앉아 하늘을 향해 목청을 가다듬는 새가 있어요. 번식기가 되면서 멧새 수컷이 암컷에게 잘 보이려고 안간힘을 쓰는 거예요.

머리 꼭대기와 뺨, 턱이 흰색이고, 흰 눈썹선이 뚜렷해요. 배는 옅은 밤색, 허리는 갈색을 띠죠. 둥지는 땅이 약간 파인 곳이나 풀숲에 짓는데, 마른 풀 줄기와 풀뿌리를 엮어서 만들어요. 알자리에는 깃털같이 부드러운 재료를 깔고요.

한번은 멧새가 먹이를 물고 전깃줄에 앉은 걸 봤어요. 근처에 둥지가 있을 것 같아 어디로 들어가나 보려고 기다렸죠. 멧새는 아줌마를 경계하는지 자꾸 머뭇거리기만 했어요. 그래서 조금 떨어진 곳으로 가서 계속 관찰했죠.

아줌마가 갔다고 여겼는지 멧새는 길가 옆의 잡초가 무성한 풀숲으로 들어갔어요. 대충 위치를 봐 두고 멧새가 나오기만을 기다렸는데, 들어간 곳과 영 다른 곳에서 나오더라고요. 부리에 똥을 물고 나온 것을 보니 새끼에게 먹이를 먹이러 둥지로 간 것이 분명한데 말이에요.

멧새가 나가자 아줌마는 얼른 풀숲으로 가 보았어요. 손으로 조심스럽게 풀을 헤치며 둥지를 찾았지요. 멧새가 들어간 곳에 둥지가 없어서 다시 녀석이 나온 쪽으로 풀을 헤치며 걸어갔어요. 2m

새끼에게 먹일 곤충 애벌레를 잡고 둥지 주변에서 경계하는 수컷.

멧새

몸 길이 16~17cm
사는 곳 농경지
나타나는 때 1년 내내

마른 풀에서 씨앗을 찾는 암컷.

수컷은 덤불이나 억새 줄기에 앉아 가늘고 고운 금속성 소리로 암컷을 유혹한다.

겨울이 되면 땅 위에서 부지런히 풀씨를 먹는다.

풀밭에서 풀씨를 먹는 암컷. 저렇게 작은 풀씨를 몇 개나 먹어야 배가 부를까?

정도 갔을 때 둥지가 보이더군요.

 풀숲에 숨은 둥지에 올망졸망한 새끼 다섯 마리가 머리를 푹 숙이고 어미를 기다리는 모습이 보였어요. 멧새가 속임수를 쓴 거예요. 둥지로 곧장 들어가면 들킬 확률이 높으니까 멀리 떨어진 곳에 내려앉아 둥지까지 걸어간 거죠. 풀 속으로 들어가는 것을 들켰다고 해도 둥지는 무사할 수 있잖아요. 멧새가 둥지를 지키는 지혜가 돋보이죠?

 멧새 알에는 가느다란 갈색 줄무늬가 있는데, 주변 환경과 비슷해서 눈에 잘 띄지 않아요. 보호색이라고 할 수 있죠.

그 밖의 멧새 무리

흰배멧새

몸 길이 14~15cm
사는 곳 농경지, 숲
나타나는 때 봄, 가을

등과 날개, 가슴, 옆구리는 갈색이고, 머리는 검은색, 머리꼭대기와 눈썹선, 턱선, 배는 흰색이다. 주로 땅 위에서 곤충이나 씨앗을 찾아 먹는다.

노랑눈썹멧새

몸 길이 14cm
사는 곳 숲, 농경지, 풀밭
나타나는 때 봄, 가을

노란색 눈썹선이 돋보인다. 눈썹선 아래 흰 반점이 있다. 등과 날개, 허리, 꼬리는 갈색을 띤다. 나무 사이나 풀밭을 돌아다니며 곤충을 찾는다.

노랑턱멧새

몸 길이 15~16cm
사는 곳 숲, 덤불이 있는 농경지
나타나는 때 1년 내내

눈썹선과 턱, 목이 노랗고, 옆구리에 갈색 세로줄 무늬가 있다. 우리 나라에서 흔히 번식하는 새로, 곤충 애벌레나 씨앗을 먹는다.

검은머리촉새

몸 길이 15cm
사는 곳 숲, 농경지, 풀밭
나타나는 때 봄, 가을

가슴과 배가 노란색이고, 허리는 갈색이다. 수컷은 얼굴과 턱이 검은색이고, 목과 가슴의 경계선에 갈색 띠가 있다. 암컷은 목과 가슴, 배가 모두 노랗다. 곤충이나 씨앗을 주로 먹는다.

꼬까참새

몸 길이 13~14cm
사는 곳 숲, 농경지
나타나는 때 봄, 가을

수컷은 머리를 포함한 몸 윗면과 목이 적갈색이고, 배는 노랗다. 암컷은 몸 윗면이 갈색을 띠고, 아랫면은 노란색이며, 허리는 적갈색이다. 땅에서 잡초의 씨앗이나 곤충을 찾아 먹는다.

무당새

몸 길이 14cm
사는 곳 숲, 농경지
나타나는 때 봄, 가을

몸 윗면은 녹색을 띠는 회색이고, 아랫면은 노란색이다. 흰색 눈테가 뚜렷하다. 나무 사이나 키 큰 풀 속에서 곤충을 잡아먹는다.

그 밖의 멧새 무리

붉은뺨멧새

몸 길이 16cm
사는 곳 숲, 농경지
나타나는 때 여름

뺨이 붉고, 옆목에 흰 반점이 있다. 수컷은 가슴과 배의 경계 부분에 갈색 선이 있고, 가슴의 검은 반점이 눈에 띄며, 허리는 갈색이다. 암컷은 몸빛이 옅다. 땅과 나무를 돌아다니며 곤충이나 씨앗을 찾아 먹는다.

쇠붉은뺨멧새

몸 길이 13cm
사는 곳 풀밭, 농경지
나타나는 때 봄, 가을, 겨울

멧새들 중 가장 작으며, 얼굴이 붉다. 봄과 가을에 작은 무리가 우리 나라를 지나가며, 일부는 따뜻한 남쪽 지방에서 겨울을 나기도 한다. 땅과 나무를 돌아다니며 곤충이나 씨앗을 찾아 먹는다.

촉새

몸 길이 16cm
사는 곳 숲, 농경지
나타나는 때 봄, 가을, 겨울

수컷은 머리와 목, 가슴이 녹색을 띠는 검은색이며, 배가 노랗다. 암컷은 몸빛이 옅다. 땅과 나무 사이를 돌아다니며 씨앗이나 곤충을 찾아 먹는다.

긴발톱멧새

몸 길이 16~17cm
사는 곳 습지 주변 풀밭, 농경지
나타나는 때 겨울

다른 멧새들에 비해 발톱이 길다. 수컷은 여름에 머리와 뺨, 턱, 앞목, 가슴이 검은색이며, 뒷목은 적갈색이다. 겨울이 되면 검은색이 옅어진다. 땅에서 잡초의 씨앗을 찾아 먹는다.

북방검은머리쑥새

몸 길이 14cm
사는 곳 물가, 갈대밭
나타나는 때 겨울

여름에는 턱선을 제외한 머리 전체가 검은색이고, 날개와 등은 옅은 갈색이며, 목과 배는 흰색이다. 겨울에는 머리의 검은색이 사라진다. 갈대밭이나 물가의 풀숲에서 잡초의 씨앗을 먹는다.

방울새
내 둥지를 돌려 줘

　보리가 파릇파릇 자라는 3월, 아직 새싹이 돋지 않아 황량한 들을 지나 새를 보러 가는 길이었어요. 어디에 무슨 새가 있나 여기저기 기웃거리며 걸어가는데, 길가의 마른 풀에 방울새 한 마리가 앉아 있었죠. 그 근처에는 또 다른 방울새 한 마리가 왔다갔다 하고요.

　걸음을 멈추고 방울새를 관찰했어요. 마른 풀에 앉은 방울새를 들여다보니 암컷이에요. 다른 한 마리는 몸빛이 짙은 수컷이고요. 암컷은 마른 풀 줄기를 부리로 떼는 중이고, 수컷은 먹이를 먹는지 주변을 돌아다니기만 했어요. 암컷은 둥지 재료를 구하는 거예요. 재료를 다 장만했는지 방울새가 숲으로 날아갔어요. 수컷도 뒤따라갔죠. 수컷은 암컷이 둥지 재료를 찾는 동안 주변을 경계하며 암컷을 보호한 모양이에요.

　며칠 뒤 방울새가 들어간 소나무 숲을 찾았어요. 소나무 숲 속을 여기저기 돌아보다가 땅에 떨어진 둥지 하나를 발견했죠. 풀 줄기 껍질, 풀뿌리, 새 깃털, 솜털로 만든 것을 보니 방울새 둥지예요.

　'왜 둥지가 땅에 떨어진 걸까? 바람에 떨어질 만큼 허술하게 지을 리는 없고…….'

　며칠 동안 바람이 심하게 불지도 않았어요. 그 때 근처에서 까치 소리가 들리더라고요.

먹이를 먹다가 주변을 살피는 모습.

방울새

몸 길이 14~15cm
사는 곳 농경지, 숲
나타나는 때 1년 내내

방울새 한 쌍. 암컷은 수컷에 비해 몸빛이 옅다.

몸에 검은 반점이 있는 어린 새가 유채에 앉았다.
유채 씨는 영양분이 풍부하고 구하기 쉬운 먹이다.

숲 속 작은 웅덩이에 방울새들이 물을 먹으러 모였다.
방울새들은 번식기가 끝나면 무리지어 다닌다.

부리가 두툼하고, 검은 꼬리는 끝이 오목하게 파였다.

'아하, 까치의 짓이로구나.'

까치가 방울새 알을 훔쳐 먹고 둥지를 뜯어 버린 모양이에요.

방울새는 우리 나라에서 1년 내내 볼 수 있어요. 수컷은 머리와 가슴이 갈색을 띤 녹색이고, 날개깃은 검은색이며, 날개를 접었을 때 노란색이 뚜렷하게 보이죠. 검은색 꼬리 끝은 안으로 오목하게 파였어요. 어린 새는 몸 전체에 검은 반점이 세로로 나 있지요. 두껍고 분홍색을 띠는 부리로 씨앗을 깨서 그 속의 알맹이를 꺼내 먹어요.

'방울새'라는 동요 가사를 보면 '또로롱 방울새야' 하는 구절이 있어요. 동요에서는 방울새 소리를 '또로롱'이라고 했는데, 아줌마의 귀에는 '또로로록' 혹은 '또록 또록 또록'으로 들리네요.

울새
꼭꼭 숨어라, 머리 깃털 보인다

"어, 울새다!"
"어디, 어디?"

울새가 나타났다는 소리를 듣자마자 고개를 돌렸는데 어느 새 사라지고 없네요. 울새를 코앞에서 놓친 게 벌써 몇 번째인지 몰라요. 숲에 가면 울새의 울음소리는 자주 들을 수 있는데, 숲 속 땅 위를 돌아다니기 때문에 관찰하기가 쉽지 않아요.

숲에서는 아무리 찾아다녀도 볼 수 없던 울새를 어느 날 감자밭에서 보았답니다. 숲 속에 산다는 새를 뜬금없이 감자밭에서 보다니 정말 상상도 못 한 일이죠.

봄이 되면 아줌마가 새를 보러 자주 찾아가는 곳이 있어요. 풀밭이 있고, 그 옆에 감자밭이며 보리밭이 있지요. 바다를 건너 번식지로 이동하는 새들이 잠시 머무는 곳이에요.

그 날도 풀밭 주변을 둘러보며 새를 찾는데, 풀이 무성한 감자밭 가장자리에서 새 한 마리가 통통 뛰어가는 거예요. 울새였어요. 울새는 아줌마가 따라가니까 잠시 뒤를 돌아보더니 감자 잎이 무성한 밭으로 쏙 들어갔어요. 울새의 특징인 가슴의 비늘 무늬는 보지 못하고 뒷모습만 겨우 보았어요. 아쉽지만 그래도 처음으로 울새를 보았다는 게 뛸 듯이 기뻤죠.

울새는 암컷과 수컷의 생김새가 같아요. 머리와 등, 날개는 갈색

이동하다가 지쳐 바위에서 쉬며 주변을 살피는 모습.

울새

몸 길이 14cm
사는 곳 숲, 공원
나타나는 때 봄, 가을

가슴에 있는 비늘 무늬는 울새의 가장 뚜렷한 특징이다.

뒷모습. 큰 특징 없이 균일한 갈색을 띤다.

많은 울새가 우리 나라를 찾지만 쉽게 관찰할 수 없는 것은 숲의 땅 위를 돌아다니기 때문이다.

꼬리를 치켜세워 흰색 아래꼬리덮깃이 보인다.

이고, 위꼬리덮깃과 꼬리는 붉은빛이 도는 갈색이에요. 가슴과 배는 흰색인데, 그 윗부분에 갈색 비늘 무늬가 있어서 다른 새와 헷갈리지 않아요.

울새를 두 번째로 본 곳도 뜻밖의 장소였죠. 이동하는 새들이 쉬었다 가는 중간 기착지로 잘 알려진 작은 섬이었어요. 넓은 잔디밭과 소나무 숲이 있어서 새들이 쉬며 먹이를 찾아 먹고 천적을 피하기에 알맞은 곳이죠.

옆에 소나무 숲도 있는데 울새가 잔디밭 주변의 돌담에 앉아 있더라고요. 탁 트인 곳이라 관찰하기 쉬웠고, 드디어 가슴의 비늘 무늬를 보았답니다.

황금새
황금으로 만들어졌나?

봄은 따뜻한 동남아시아에서 겨울을 지낸 새들이 북쪽에 있는 번식지를 찾아 이동하는 계절이에요. 특히 5월은 새들이 가장 활발하게 이동하는 때라, 다양한 새들을 볼 수 있어요. 겨우내 덩치 크고 칙칙한 물새들만 보다가, 5월이 되어 앙증맞고 귀여운 산새들을 만나면 정말 즐겁고 신나죠.

산새들은 크기가 작고, 나뭇가지 사이를 휙휙 날아다녀서 망원경으로 관찰하기가 어려워요. 그래서 가벼운 마음으로 쌍안경 하나 달랑 메고 새를 보러 나가요.

봄에 이동하는 산새를 보려면 특정한 지역으로 찾아가야 해요. 산새들은 작고 눈에 잘 띄지 않아 무작정 나섰다가는 헛걸음하기 쉽죠. 이동하는 산새들이 자주 내려앉는 장소를 찾아야 한꺼번에 많은 새들을 볼 수 있어요.

새들은 주로 이동하다가 지쳤을 때 쉬거나 먹이를 잡으려고 내려앉아요. 먼 바다를 건넜다면 처음 마주치는 섬이나 육지에 내려앉을 확률이 높지요. 그래서 바다와 가까운 숲에 가 보는 게 좋아요.

아줌마는 해안가 소나무 숲을 찾았어요. 소나무 숲에는 뽕나무, 까마귀쪽나무, 찔레나무, 송악덩굴 등이 자라고, 억새와 풀이 무성했죠. 산새들이 먹이를 구하고 숨기에 아주 좋은 곳이에요. 조용히 나무 위를 살피면서 걸어갔어요. 새 소리는 간간이 들리는데 모습

노란 눈썹선이 아름다운 수컷.

황금새

몸 길이 13~14cm
사는 곳 숲
나타나는 때 봄, 가을

날아다니는 곤충을 공중에서 낚아채 제자리로 돌아와서 먹는 습성이 있다.

암컷은 수컷에 비해 깃 색깔이 수수하고 눈썹선도 없다.

수컷 중에는 날개에 흰 무늬가 없는 개체도 눈에 띈다.

황금새의 이동 경로를 알아보기 위해 다리에 가락지를 달아 놓은 개체다. 다른 나라에서 잡히면 한국에서 가락지를 단 개체라는 것을 확인할 수 있다.

은 보이지 않았어요. 작은 발자국 소리에도 금세 달아나고요.

산새들은 숨는 데 도사들이죠. 모두 숨바꼭질하느라 정신이 없는데, 빛깔이 아름다운 새 한 마리가 눈앞에서 날아다니는 게 아니겠어요? 아줌마를 보고도 숨으려 하지 않았어요. 턱부터 배의 윗부분, 눈썹선과 허리도 황금색이었죠. 황금새예요.

황금새는 나뭇가지에 앉았다가 날면서 작은 날파리를 낚아채고는 제자리로 돌아가기를 반복했어요. 날파리들을 낚아채느라 아줌마는 신경도 쓰지 않았어요. 덕분에 황금새를 실컷 봤죠. 정말 행복한 하루였어요.

휘파람새
휘파람 소리가 계절에 따라 달라요

여름이 되면 산과 들에서 아름다운 휘파람새 소리를 들을 수 있어요. 휘파람새는 보통 덤불이나 키 작은 나무 숲에서 울기 때문에 모습을 보기 어려워요.

둥지도 덤불이나 키 작은 나무에 지어 1m 정도 높이에 있어요. 다른 새들보다 낮은 곳에 둥지를 트는 거죠. 휘파람새는 풀잎으로 타원형 둥지를 짓는데, 둥지 입구는 위와 옆 중간 정도에 뚫려 있어요.

진한 갈색을 띠는 알은 보통 4~6개 낳아요. 그런데 아줌마는 알이 세 개 있는 둥지를 본 적이 있어요. 휘파람새가 동백나무에 둥지를 틀었더라고요. 둥지 속을 들여다보니 알이 세 개 있었어요. 알을 낳는 중인가 보다 했죠. 둥지에서 멀찌감치 떨어져 관찰하려니까 어미 새가 둥지로 들어가 알을 품는 게 보였어요. 휘파람새는 알을 하루에 하나씩 낳고 다 낳은 뒤에야 품기 시작하기 때문에, 어미 새가 알을 품는 것은 알을 다 낳았다는 뜻이에요. 8월이라 더위가 기승을 부리고, 환경이 새끼를 키우기에 적합하지 않아 알을 보통 때보다 적게 낳았나 봐요.

그 후 동백나무에 둥지를 튼 휘파람새가 무사히 알을 부화시키고 새끼를 다 키워서 둥지를 떠나는 걸 봤어요. 어미가 부르니까 날지도 못하는 새끼들이 땅 위를 깡충깡충 뛰어서 어미를 따라가더라

나뭇가지 사이를 돌아다니며 먹이를 찾는 모습.

휘파람새

몸 길이 14~16cm
사는 곳 숲, 덤불
나타나는 때 1년 내내

휘파람새는 작고 예쁜 초콜릿색 알을 4~6개 낳는다.

어미 새가 알을 정성스럽게 품어 약 11일 뒤면 새끼가 알을 깨뜨리고 나온다.

어미 새는 새끼들이 무럭무럭 자랄 수 있도록 영양가 높은 먹이를 잡아다 먹인다.

둥지를 떠난 새끼들은 한 달 정도 어미와 같이 다니며 자연에서 살아남는 법을 배운다.

고요.

　겨울에는 남쪽 지방의 따뜻한 섬에서만 휘파람새를 볼 수 있어요. 섬에 있는 휘파람새는 섬휘파람새라고 해요. 여름에 내륙에서 보는 휘파람새보다 회색이 진하고, 울음소리도 약간 단조롭죠.

　휘파람새는 여름에는 아름다운 휘파람 소리를 내지만, 겨울에는 다른 소리를 내요. 여름에는 암컷에게 잘 보이기 위해 아름다운 소리를 내지만, 겨울에는 먹는 일에만 신경을 쓰기 때문에 단조로운 소리를 내는 거예요.

그 밖의 목소리가 예쁜 무리

청호반새

몸 길이 28~30cm
사는 곳 물가의 산림, 농경지
나타나는 때 여름

붉은 부리가 굵고 길다. 날개와 등은 푸르고, 머리는 검은색, 배는 주황색이다. 개울가나 산 중턱 흙벽에 구멍을 파고 둥지를 만든다. 물가 나뭇가지나 벼랑에 앉았다가 물고기나 개구리가 보이면 내려가 잡는다.

호반새

몸 길이 27cm
사는 곳 계곡 주변의 숲
나타나는 때 여름

몸은 적갈색을 띠며, 부리와 다리는 붉다. 산간 계곡, 혼합림 등 우거진 숲 속의 나뭇구멍에 둥지를 튼다. 계곡물에서 작은 물고기나 가재 등을 잡아 나뭇가지에 쳐 죽인 뒤 먹는다.

종다리

몸 길이 17~18cm
사는 곳 농경지
나타나는 때 1년 내내

몸 윗면은 갈색, 배는 흰색이다. 하늘 높이 올라가 지저귄 다음 땅으로 내려온다. 땅을 밥그릇 모양으로 파고 마른 풀 줄기로 둥지를 만든다. 땅에서 씨앗이나 곤충을 찾아 먹는다.

진홍가슴

몸 길이 15~16cm
사는 곳 덤불, 관목
나타나는 때 봄, 가을

몸 윗면이 갈색을 띤다. 수컷은 턱이 진한 붉은색이고, 흰 눈썹선이 뚜렷하며, 암컷은 턱이 붉지 않다. 땅이나 나뭇가지 사이를 돌아다니며 곤충을 잡아먹는다.

큰유리새

몸 길이 16~17cm
사는 곳 숲, 공원
나타나는 때 여름

몸빛이 화려한 수컷은 푸른빛이 선명하고, 암컷은 갈색으로 수수하다. 이끼로 만든 둥지에 흰 알을 3~5개 낳는다. 둥지 속 새끼들은 주변의 색과 비슷해서 눈에 잘 띄지 않는다.

쇠유리새

몸 길이 14cm
사는 곳 숲
나타나는 때 여름

수컷은 몸 윗면이 짙은 푸른색, 아랫면은 흰색이다. 암컷은 몸 윗면이 갈색이며, 허리와 꼬리 일부만 푸른색이다. 땅이나 관목 사이를 돌아다니며 곤충을 잡아먹는다.

그 밖의 목소리가 예쁜 무리

바다직박구리

몸 길이 23~25cm
사는 곳 바닷가
나타나는 때 1년 내내

수컷은 몸 윗면이 푸른색이고, 배는 갈색이다. 암컷은 어두운 갈색이며, 몸 아랫면에 비늘 무늬가 있다. 땅 위, 나무에서 거미나 곤충을 잡아먹는다.

흰배지빠귀

몸 길이 23~25cm
사는 곳 숲, 공원
나타나는 때 1년 내내

몸 윗면은 갈색을 띠며, 수컷은 머리가 어두운 갈색이다. 땅 위를 뛰어다니며 낙엽 속에 있는 곤충이나 지렁이, 열매를 찾아 먹는다.

되지빠귀

몸 길이 23cm
사는 곳 숲, 공원
나타나는 때 여름

부리가 노랗다. 수컷은 머리와 가슴, 등이 회색을 띠며, 옆구리는 주황색이다. 암컷은 몸 윗면이 갈색이다. 땅에서 걸어다니며 지렁이나 곤충을 찾아 먹는다.

산솔새

몸 길이 12~13cm
사는 곳 숲, 공원
나타나는 때 여름

몸 윗면은 녹색, 아랫면은 흰색, 눈썹선은 연노란색이다. 머리꼭대기 중앙에 흐린 녹색선이 있다. 나뭇가지 사이를 활발히 옮겨 다니며 작은 곤충을 찾아 먹는다.

쇠솔새

몸 길이 12~13cm
사는 곳 숲, 공원
나타나는 때 봄~가을

몸 윗면은 갈색을 띤 녹색이며, 아랫면은 노란빛을 띠는 회색, 다리는 갈색이다. 연노란색 눈썹선이 길고 뚜렷하다. 나무 사이를 옮겨 다니며 곤충을 찾아 먹는다.

흰눈썹황금새

몸 길이 13cm
사는 곳 숲, 공원
나타나는 때 여름

날개에 흰 무늬가 있다. 수컷은 허리와 몸 아랫면이 노랗고, 몸 윗면은 검은색이며, 흰 눈썹선이 뚜렷하다. 암컷은 허리가 노란색, 몸 윗면은 녹색을 띠는 갈색이다. 나무 사이를 돌아다니며 곤충을 잡아먹는다.

그 밖의 목소리가 예쁜 무리

붉은부리찌르레기

몸 길이 24cm
사는 곳 농경지, 숲, 인가 근처
나타나는 때 불규칙함

수컷은 머리가 누런 갈색이며, 적갈색 부리기부는 끝이 검다. 암컷은 몸빛이 갈색이다. 풀밭이나 나무에서 곤충이나 나무 열매를 찾아 먹는다.

분홍찌르레기

몸 길이 21~24cm
사는 곳 농경지, 인가 근처
나타나는 때 불규칙함

뒷목에 뿔깃이 있다. 수컷은 머리와 목, 날개, 꼬리가 검고, 몸 아랫면은 분홍색이다. 암컷은 몸빛이 옅고, 뿔깃이 짧다. 땅 위나 나무에서 곤충, 열매를 찾아 먹는다.

힝둥새

몸 길이 15~16cm
사는 곳 숲, 숲 가장자리
나타나는 때 봄, 가을, 겨울

머리와 등, 날개는 갈색을 띠는 녹색이다. 흰 눈썹선과 그 밑의 반점이 뚜렷하다. 놀라거나 위협을 느끼면 나무나 전깃줄에 날아오르며 꼬리를 계속 흔든다.

새들은 모두 둥지를 지을까요?

봄이 되면 많은 새들이 짝을 찾고 둥지를 짓느라 분주합니다. 직박구리는 마른 풀이나 뿌리, 이끼 등을 이용해 둥지를 짓고, 딱다구리는 나뭇구멍을 부리로 파서 둥지를 짓지요. 물수리는 나뭇가지를 이용해 커다란 둥지를 지어요.

그러나 모든 새들이 둥지를 짓지는 않아요. 쏙독새는 숲 속 낙엽 위나 마른 풀 위에 그냥 알을 낳고요, 뻐꾸기는 남의 둥지에 알을 낳고 다른 새가 알을 품게 하지요. 파랑새는 까치 둥지를 빼앗아 자기 둥지로 이용해요. 둥지 짓는 노력 없이 알을 낳고 키우다니 정말 얌체 같죠?

직박구리 둥지군요.

쏙독새가 풀 위에 알을 낳았어요.

먼저 부화한 두견이 새끼가 휘파람새 알을 밀어 내는 모습이에요.

예쁜 조개 껍데기를 깐 꼬마물떼새 둥지군요.

음치들의 대행진
소리가 엉망인 새들

쇠백로 · 그 밖의 백로들 ·
꿩 · 멧비둘기 · 직박구리 · 때까치 · 그 밖의 때까치 무리 ·
어치 · 까치 · 파랑새 · 호랑지빠귀 · 떼까마귀 · 그 밖의 목소리가 엉망인 무리

쇠백로
다리를 떨면 먹이가 보인다?

저수지에 가면 제일 먼저 눈에 띄는 새가 백로예요. 희고 몸집이 큰데다 사람들이 나타나도 잘 도망가지 않아 관찰하기에 좋아요.

아이들과 함께 저수지에 갔어요. 아이들은 백로를 보고 멋있다며 난리였죠. 뒷머리에 장식깃이 두 가닥이 있는 걸 보니 쇠백로예요. 장식깃 두 가닥은 번식할 때가 되었다는 표시지요.

아줌마가 쇠백로 발을 보라고 하니까 아이들이 한바탕 떠들썩했어요.

"와! 발이 노란색이에요."

"노란 장화를 신은 것 같아요."

사람들이 귀찮았는지 쇠백로가 반대편 얕은 물가로 날아갔어요. 날 때는 주로 긴 목을 구부리는데, 거리가 짧아서 그런지 목을 앞으로 펴고 날아가더라고요.

얕은 물가에 내려앉은 쇠백로가 갑자기 다리를 떨기 시작했어요. 당연히 물 표면에 파장이 생겼죠. 쇠백로의 다리 주변에 있던 물고기와 새우들은 무슨 일이 생긴 줄 알고 놀라서 도망가느라 야단법석이었을 거예요. 쇠백로가 정신없는 물고기를 뾰족한 부리로 잽싸게 낚아채서 한입에 꿀꺽 삼키는 게 보였어요. 다리를 떠는 것은 쇠백로가 터득한 먹이 사냥법이겠죠?

아이들과 저수지에 다녀온 지 한 달쯤 지난 4월에 아줌마 친구에

배 위에서 바람을 피하며 주변을 살피는 모습.

쇠백로

몸 길이 58~65cm
사는 곳 논, 개울, 갯벌
나타나는 때 1년 내내

하늘을 나는 쇠백로. 긴 목을 구부리고 날아 목이 없는 것처럼 보인다.

쇠백로와 노랑부리백로. 부리가 노란 새가 노랑부리백로, 그 뒤에 있는 새가 쇠백로다. 쇠백로가 다리를 떨며 먹이를 찾는지 물 표면에 파장이 생겼다.

쇠백로들이 무리지어 바람을 피한다. 무리 중에는 몸집이 큰 중대백로도 끼어 있다.

몸을 부르르 떨며 깃털에 묻은 물기를 턴다.

게 전화가 왔어요. 초등학교 뒤에 있는 산에서 산책을 하는데, 소나무 숲 어디에선가 자꾸 '가글가글' 하는 소리가 들린다는 거예요. 아줌마는 백로 울음소리라고 알려 주었죠.

  아줌마 친구와 함께 초등학교 뒤 소나무 숲에 갔어요. 산책로를 따라 산등성이까지 올라가니 '가글가글' 하는 소리가 시끄럽게 들렸어요. 소리나는 곳을 찾아 빽빽한 소나무 숲 속으로 들어가 보니 소나무 꼭대기에 쇠백로와 중대백로의 둥지가 있었죠. 둥지 아래에는 백로의 똥과 깨진 알이 널려 있고요. 알은 옥색을 띠었는데, 새끼가 부화하고 나서 아래로 버렸나 봐요.

그 밖의 백로들

중대백로

몸 길이 86~96cm
사는 곳 논, 개울, 저수지
나타나는 때 여름, 겨울

백로들 가운데 대형 종으로, 몸빛이 희다. 가늘고 긴 부리는 노란색인데, 번식기에 검어진다. 얕은 물에 가만히 서서 먹이를 찾다가 먹이가 나타나면 긴 목을 뻗어 잽싸게 낚아챈다.

중백로

몸 길이 65~72cm
사는 곳 논, 개울, 저수지
나타나는 때 여름

중대백로와 비슷하나, 머리가 약간 더 둥글고 부리가 짧다. 노란 부리는 끝이 검다. 논이나 습지를 걸어다니며 물고기, 개구리 등을 잡아먹는다. 날 때 목을 움츠리고, 다리는 뒤로 뻗는다.

왜가리

몸 길이 90~95cm
사는 곳 논, 개울, 저수지
나타나는 때 1년 내내

등과 접은 날개는 회색을 띠며, 눈 뒤쪽에서 시작되는 장식깃이 검다. 목에는 검은 세로줄 무늬가 뚜렷하다. 긴 목을 뻗어 물고기나 개구리, 뱀 등을 낚아챈다.

붉은왜가리

몸 길이 78~81cm
사는 곳 논, 개울, 저수지
나타나는 때 봄, 가을

머리부터 목까지 적갈색이 뚜렷하고, 검은 세로줄 무늬가 있다. 습지의 풀 사이를 돌아다니며 물고기나 개구리를 잡아먹는다.

꿩
아빠, 도대체 엄마가 몇이에요?

'꿩꿩!'

봄이 되면 산과 들에서 어렵지 않게 들을 수 있는 소리예요. 그 울음소리 때문에 꿩이라는 이름이 붙었죠. 수꿩은 '장끼'라고도 하는데, 몸빛이 화려하고 긴 꼬리가 멋져요. 얼굴의 붉은색 피부가 드러나 특이하게 보이고요. 암꿩은 '까투리'라고도 하는데, 수컷에 비해 수수하고 몸 전체가 갈색을 띤답니다.

꿩은 날기도 하지만 땅에서 엄청 빠르게 달려요. 그래서 예부터 날짐승을 사냥할 때는 주로 꿩을 잡았지요.

산 밑에 있는 밭을 지날 때였어요. 농사를 짓지 않아 잡초로 뒤덮인 밭에서 먹이를 찾아다니던 수꿩이 갑자기 목을 쭉 빼고 '꿩꿩' 하고 소리쳤어요. 그러자 어디에선가 다른 꿩이 대꾸라도 하듯 '꿩꿩' 하고 소리쳤지요. 번식기가 되어서인지 여기저기에서 수꿩이 내는 소리가 자주 들렸어요.

그런데 수꿩 주변에 암꿩들이 많이 보였어요.

'도대체 몇 마리야? 하나, 둘, 셋…… 열하나, 열둘, 열셋.'

세상에! 암꿩 열세 마리가 수꿩을 따라다녔어요. 수꿩 한 마리가 암꿩을 여러 마리 거느린다는 말은 들었지만, 열세 마리나 거느리고 다니는 것을 보니 신기할 따름이었죠.

수꿩들은 번식기가 되면 암꿩을 차지하기 위해 싸움을 벌여요.

암컷은 수컷과 달리 몸빛이 갈색을 띠며 수수하다.
주변 색과 비슷해서 눈에 잘 띄지 않는다.

꿩

몸 길이 암컷 60cm, 수컷 80cm
사는 곳 농경지, 풀밭, 공원
나타나는 때 1년 내내

수컷이 위풍당당하게 걸어가는 모습.

새끼는 솜털이 난 채로 알에서 깨기 때문에 솜털이 마르면 바로 어미를 따라다니며 먹이를 찾아 먹는다.

많이 자라 돌담 위도 거뜬히 올라가는 새끼. 그러나 아직도 어미를 따라다닌다.

수컷은 자신의 영역을 알리기 위해 날개를 치며 '꿩꿩' 울어댄다. 이런 모습을 보고 홰를 친다고 한다.

수꿩은 발목 뒤에 길고 날카로운 '며느리발톱'이 있는데, 싸울 때 이 발톱을 써요. 싸움에서 이긴 수꿩이 암꿩을 차지하는 거죠. 싸움에서 이긴다는 것은 그만큼 건강하고 튼튼하다는 뜻이에요. 암꿩은 건강하고 튼튼한 새끼를 얻기 위해 싸움에서 이긴 수꿩을 따르는 거고요. 자연에서는 건강하고 튼튼하지 않으면 살아남을 수 없거든요.

꿩은 땅 위에 마른 풀로 둥지를 짓고 알을 6~10개 낳아요. 그런데 알을 품은 곳에 사람이 나타나서 어미가 놀라 둥지를 나가면 다시 돌아와 알을 품지 않아요. 새끼는 '꺼병이'라고도 하는데, 솜털이 난 채로 알에서 깨어나 솜털이 마르면 바로 어미를 따라 나서죠.

멧비둘기
더도 말고 덜도 말고 두 개만

　새를 좋아하는 사람들과 함께 새집 달아 주기 행사를 계획했어요. 아줌마는 새집을 달기에 적당한 장소와 나무를 미리 봐 두기 위해 수목원에 갔지요.
　새들은 번식할 때 자신들만의 영역을 만들어요. 이런 영역을 '세력권'이라고 하는데, 이 세력권 때문에 적당히 거리를 두고 새집을 달아야 해요. 그래야 많은 새들이 싸우지 않고 새집을 이용할 수 있거든요.
　지도에 적당한 나무를 표시하면서 여기저기 돌아다니는데, 보리장나무 덤불 속에서 갑자기 멧비둘기가 놀라 달아났어요. 멧비둘기가 날아오른 덤불 사이를 보니 둥지가 있었죠. 둥지 안에는 하얀 알 두 개가 놓인 게 보였어요. 멧비둘기가 알을 품고 있었나 봐요. 그런데 가는 나뭇가지를 낮고 편평하게 쌓아올려 만든 둥지는 엉성하기 짝이 없었어요. 바람에 날아가거나 그 위에 놓인 알이 떨어지지 않는 게 이상할 정도였죠.
　멧비둘기는 알을 두 개만 낳아요. 멧비둘기 둥지가 바람에 망가지거나, 알과 새끼가 둥지에서 떨어지는 일도 종종 일어나고요. 그런데도 멧비둘기 수가 늘어나는 것은 번식하는 기간이 길기 때문이에요.
　'구구구' 하는 멧비둘기 소리 들어 보셨나요? 수컷 멧비둘기가

어미가 정성스럽게 알을 품는다.

멧비둘기

몸 길이 32~35cm
사는 곳 숲, 농경지
나타나는 때 1년 내내

나뭇가지에 앉아 주변을 살피는 모습.

멧비둘기는 하얀 알을 2개 낳는다. 둥지가 너무 엉성해 바람만 불어도 알이 떨어질까 불안하다.

부화한 새끼를 어미 새가 며칠 동안 따뜻하게 품어 주면 노란 솜털이 나기 시작한다.

피존 밀크를 먹고 자란 새끼가 둥지를 떠난다.

암컷을 부르는 소리예요. 그런데 이 소리는 2월부터 10월까지 들려요. 겨울만 빼고 내내 번식한다는 뜻이죠. 봄이나 여름 한철 번식하는 다른 새에 비해 번식 기간이 엄청 길죠.

둥지가 망가지거나 알과 새끼가 둥지에서 떨어지면 바로 새로운 둥지를 만들어 다시 번식을 시작한답니다. 그래서 멧비둘기 둥지는 우리 주변에서도 흔히 볼 수 있죠. 가로수를 올려다봐도 있고, 정원에 심어 놓은 관상수에도 있고, 심지어 신호등 위에 둥지를 틀기도 해요.

가끔 알에서 깬 지 얼마 되지 않은 멧비둘기 새끼가 둥지에서 떨어져 아줌마 손에 들어오는 일이 있는데, 이런 새끼들은 대부분 죽었어요. 다른 새들 같으면 곤충 애벌레도 잡아다 주고, 개 사료를 물에 불려 부드럽게 해서 주기도 하고, 가게에서 파는 '밀웜'이라는 곤충 애벌레를 사다 먹이면 되죠. 그런데 알에서 깬 멧비둘기 새끼들은 '피존 밀크'를 먹어요. 피존 밀크는 멧비둘기 어미의 입 안에서 나오는 분비물로, 동물의 젖과 색깔이 비슷해요. 멧비둘기 새끼에게 줄 피존 밀크는 아줌마가 구할 수 없잖아요. 그렇다고 우유를 먹일 수도 없는 노릇이고. 죽은 멧비둘기 새끼 때문에 많이 운 기억이 나요.

직박구리
어디에서나 흔한 놈이라지?

"선생님, 저 시끄러운 새 이름이 뭐예요?"

사람들과 함께 새를 보러 가면 흔히 듣는 질문이에요. 직박구리라고 알려 주면 대개 반응도 비슷해요.

"저게 직박구리예요?"

직박구리는 우리 주변에서 아주 흔하게 볼 수 있는 새예요. 수도꼭지에 부리를 대고 물을 먹을 정도로 사람들을 무서워하지도 않고, 어디에서나 적응을 잘하죠.

직박구리는 둥지를 틀 때 숲이든, 도심의 공원이든 장소를 가리지 않아요. 심지어 현관 앞에 심어 놓은 나무에 둥지를 틀기도 하죠. 둥지를 짓는 재료도 근처에서 쉽게 찾을 수 있는 것을 이용해요. 보통 마른 풀 줄기로 둥지를 짓지만, 습한 계곡 주변에서는 이끼를 이용하기도 하고, 도심에서는 사람들이 버린 종이나 비닐로 지은 둥지도 눈에 띈답니다.

먹이도 별로 가리지 않고 아무거나 잘 먹어요. 여름에는 곤충을 주로 먹고, 겨울에는 나무 열매를 즐겨 먹지요. 정원에 심어 놓은 나무나 가로수의 열매는 겨울철 직박구리의 비상 식량이에요. 동백꽃의 꿀도 먹어요. 꿀을 빨아먹다가 부리에 꽃가루가 묻어서 노랗게 된 것을 본 적이 있는데, 노란부리직박구리인 줄 알고 깜짝 놀랐죠.

빨간 먼나무 열매를 먹기 위해 나뭇가지에 앉은 모습.

직박구리

몸 길이 27~29cm
사는 곳 숲, 공원, 인가 근처
나타나는 때 1년 내내

자줏빛 알을 4~5개 낳는다.

알에서 깬 새끼는 어미가 잡아다 주는 먹이를 먹고 무럭무럭 자란다. 보통 곤충 애벌레와 같이 영양가 높은 먹이를 먹는다.

새끼들의 덩치가 너무 커져서 둥지가 작아 보인다. 둥지를 떠날 때가 되었다.

둥지를 떠난 새끼는 아직 잘 날지 못해 땅 위에서 어미가 주는 먹이를 받아 먹는 모습을 종종 볼 수 있다.

둥지를 떠나다가 다리를 다친 직박구리 새끼를 아줌마가 보살핀 적이 있어요. 너무 시끄럽게 빽빽거리며 울어 대서 이름을 '빽빽이'라고 지어 주었죠. 나는 방법이나 먹이 잡는 법을 미처 배우지 못한 녀석이라 아줌마가 어디를 가든 데리고 다녔어요. 그러지 않으면 굶어 죽거든요. 빽빽이는 아줌마가 주는 먹이를 먹고 무럭무럭 자랐죠. 나는 법과 먹이 찾는 법을 어떻게 가르쳐야 하나 걱정을 하던 어느 날, 스스로 아줌마를 떠나 날아갔어요. 서운하기도 했지만 기특한 마음이 더 컸죠.

직박구리는 자줏빛이 도는 알을 4~5개 낳아요. 새끼가 다 자라 둥지를 떠난 뒤에도 데리고 다니며 나는 연습을 시키고, 먹이 찾는 방법도 가르친답니다. 번식기가 끝나면 떼로 몰려다니며 시끄럽게 울기 때문에 사람들이 시끄러운 새로 기억하나 봐요.

때까치
도마뱀 꼬치를 먹어 볼까나?

'저게 뭐지?'

가까이 가서 보니 꾸지뽕나무 가시에 도마뱀이 꽂혀 있었어요. 도마뱀은 가시에 꽂힌 지 얼마 안 됐는지 꿈틀거리며 헐떡거렸어요.

'누가 저런 못쓸 짓을 한 거야?'

아이들이 장난을 쳤나 싶어 주위를 둘러보았지만 아무도 없었죠. 영문을 모른 채 두리번거리는데, '키키키키키키' 하는 소리가 들렸어요. 고개를 돌려 보니 때까치 한 마리가 나무 꼭대기에 앉아 있더라고요.

때까치는 나무 꼭대기에서 갑자기 풀밭으로 내려와 곤충을 물고 나뭇가지로 날아가 앉았어요. 그러더니 곤충을 나뭇가지에 비벼서 날개를 떼어 내고 한입에 꿀꺽 삼켰죠. 나뭇가지에 앉아 주위를 두리번거리던 때까치가 이번에는 땅 위로 내려와 도마뱀을 부리에 물고 나뭇가지에 앉았어요. 잠시 앉아 있던 때까치가 도마뱀을 문 채 꾸지뽕나무로 날아가는 게 아니겠어요? 아줌마는 깜짝 놀라고 말았죠. 때까치가 도마뱀을 꾸지뽕나무 가시에 꽂는 거예요.

'이럴 수가! 때까치가 한 짓이구나…….'

한참 동안 꼼짝 않고 서 있어서인지 때까치는 아줌마 가까운 나뭇가지에 앉았어요. 덕분에 때까치를 자세히 볼 수 있었죠.

바위에 앉아 먹이를 찾는 모습.

때까치

몸 길이 19~20cm
사는 곳 농경지, 숲
나타나는 때 1년 내내

암컷은 전체적으로 갈색을 띤다. 암컷이 주로 알을 품고, 수컷은 밖에서 경계를 한다.

마른 풀로 만든 밥그릇 모양의 둥지에 알을 4~6개 낳는다.

많은 새끼들을 먹여 살리느라 암수 모두 눈코 뜰 새 없이 바쁘다.

부리에 도마뱀을 물고 꽂아 둘 장소를 찾는다.

때까치는 부리가 맹금류처럼 두껍고 끝이 날카로우며 아래로 굽었어요. 그런데 다리는 다른 산새처럼 가늘고 힘이 없어 보였어요. 다리가 약해 도마뱀을 꽉 잡지 못하고, 먹기 쉽게 가시에 꽂아서 먹는구나 생각했죠. 그래서 먼저 가시에 꽂아 죽은 도마뱀을 먹겠거니 하는데, 때까치는 멀리 날아가 버리더라고요.

'왜 저렇게 가시에 꽂아 두기만 하는 거지?'

아줌마는 궁금증을 참을 수가 없어서 다음 날에도 꾸지뽕나무가 있는 곳으로 갔어요. 도마뱀은 그대로 거기에 꽂혀 있고, 주위에는 아무도 없었어요. 시간이 얼마나 지났을까, 때까치 한 마리가 꾸지뽕나무로 날아와 가시에 꽂혀 있던 도마뱀을 빼서 먹었어요.

때까치는 먹이를 저장했다가 다른 먹이를 잘 잡지 못하자 도마뱀을 먹으러 온 거예요. 사람들 눈에는 잔인해 보일지 몰라도 때까치는 야생에서 살아가는 방법을 나름대로 터득한 거죠.

그 밖의 때까치 무리

물때까치

몸 길이 30~31cm
사는 곳 농경지, 풀밭
나타나는 때 겨울

머리와 등은 회색이고, 날개와 꼬리는 검은색이며, 날개에 흰 반점이 뚜렷하다. 검은 눈선이 있다. 나무나 덤불 꼭대기, 전깃줄에 몸을 세워 앉고 꼬리를 계속 움직이며 도마뱀이나 곤충을 노린다.

긴꼬리때까치

몸 길이 24~25cm
사는 곳 농경지, 덤불
나타나는 때 불규칙함

허리와 어깨깃, 아랫배는 갈색이다. 이마에서 시작된 눈선이 검고 굵다. 가늘고 긴 꼬리도 검다. 나뭇가지나 덤불 꼭대기에 앉았다가 곤충 같은 먹이가 보이면 잽싸게 내려가 잡는다.

큰재개구마리

몸 길이 24cm
사는 곳 경작지, 초지
나타나는 때 겨울

몸 윗면은 회색이고, 아랫면은 흰색이다. 눈을 가로지르는 검은 눈선이 뚜렷하다. 꼬리와 날개는 검은색이고, 날개의 흰 무늬가 눈에 띈다. 나뭇가지나 전깃줄에 앉았다가 곤충이 보이면 잽싸게 날아가 잡는다.

칡때까치

몸 길이 17~18cm
사는 곳 숲, 평지
나타나는 때 여름

머리가 회색이고, 등과 날개, 꼬리는 갈색이며, 검은 비늘 무늬가 있다. 눈선이 검고 굵으며, 눈썹선은 없다. 나무 꼭대기나 나뭇가지에 앉았다가 곤충이 보이면 잽싸게 내려가 잡는다.

노랑때까치

몸 길이 18~20cm
사는 곳 농경지, 숲
나타나는 때 여름

몸이 전체적으로 갈색을 띠며, 검은 눈선이 뚜렷하다. 예전에는 우리 나라 산야에서 흔히 번식하고 관찰되었지만 요즘은 보기 어렵다. 곤충을 잡아먹는다.

어치
도토리를 어디에 두었더라……

　바람이 차가워지고 서리가 내리기 시작하면 푸르던 나뭇잎이 서서히 붉게 물들어요. 이 무렵이면 들판에서는 황금색 벼 이삭이 고개를 숙이고, 숲에서는 도토리 알이 제법 굵게 여물지요. 곧 가을걷이 하느라 농부의 손길이 바빠질 거예요. 숲 속 다람쥐도 겨우내 먹을 양식을 모으느라 볼주머니가 미어질 테죠. 아무도 모르는 곳에 도토리를 모아 두느라 농부만큼이나 바쁠 거예요.
　새도 볼 겸 단풍도 볼 겸, 쌍안경 하나 달랑 들고 가을 숲을 찾았어요. 참나무에 달린 도토리 알이 제법 굵고 많았어요. 밑둥치를 발로 뻥 차니까 도토리가 우두둑 떨어지더라고요. 도토리 떨어지는 소리에 놀랐는지 근처 참나무 밑에서 새가 날아올랐어요. 다행히 멀리 날아가지 않고 다른 참나무 밑에 앉아 재빨리 쌍안경을 꺼냈죠.
　어치가 어느 새 부리에 도토리를 한 알 문 게 보였어요. 어치는 머리가 붉은빛 도는 갈색이고, 등은 회색, 허리는 흰색이에요. 날개 쪽에 파란색을 띠는 깃털이 독특하죠. 그런데 어치가 도토리를 물고 숲으로 사라지더라고요.
　'이 늦은 가을에 새끼를 먹이는 것은 아닐 텐데……'
　조금 있으려니까 어치가 참나무 밑에 다시 나타났어요. 그러더니 또 도토리를 물고 숲으로 사라지는 거예요. 어치의 행동이 이상해

땅 위에서 먹이를 찾고 있는 모습

어치

몸 길이 33cm
사는 곳 숲
나타나는 때 1년 내내

참나무 밑에서 도토리를 찾는 어치.

목욕을 하는 어치. 머리 깃털이 젖어 사자 갈기 같다.

주변을 경계하는 어치.

서 집으로 돌아와 자료를 찾아보았어요.

 어치는 다람쥐처럼 추운 겨울에 먹이가 부족할 것을 대비해서 도토리를 자기만 아는 장소에 저장한다는군요. 어치는 나중에 찾기 쉽도록 큰 나무 밑이나 바위 근처에 도토리를 묻어 두지만, 그것을 다 찾아 먹지 못한대요. 그래서 이듬해 봄, 그 곳에서 싹을 틔운 도토리가 참나무로 자란답니다. 어치는 다람쥐와 함께 숲을 가꾸는 일을 하는 셈이지요.

 어치는 나뭇가지를 이용해 큰 밥그릇 모양 둥지를 만들고, 알을 5~6개 낳아요. 알이나 새끼를 키우는 다른 어미 새들은 어치가 나타나면 경계하느라 정신이 없어요. 어치가 다른 새의 알이나 새끼를 잡아먹기도 하기 때문이죠.

까치
이제는 반갑지 않은 까치설날

　마을의 큰 나무 꼭대기에는 어김없이 커다란 까치 둥지가 있고, 어른들은 까치 소리가 들리면 멀리서 반가운 손님이 찾아온다고 할 정도로 까치는 사람들과 무척 친근한 새예요. 맑은 소리로 '깍깍' 하고 울어서 까치라는 이름이 붙었지요.
　"까치 까치 설날은 어저께고요, 우리 우리 설날은 오늘이래요."
　예부터 설날이 다가오면 부르는 노래예요. 사람들 가까이에서 평화롭게 살던 까치의 사정이 많이 달라졌어요. 요즘 사람들은 까치 때문에 전기가 끊기고, 거리가 지저분하다며 까치를 봐도 반기지 않아요. 숲이 점점 없어지고, 농경지에서 내쫓긴 까치가 먹이를 찾아 도심의 쓰레기통을 뒤지고, 전봇대에 둥지를 짓기 때문이에요. 까치를 그렇게 만든 것은 사람들인데, 사람들은 오히려 까치를 탓하죠.
　까치는 머리와 등, 긴 꼬리가 검은색이고, 날개 끝과 배, 어깨깃이 흰색이에요. 울릉도를 제외하고는 우리 나라 어디에서든 흔히 볼 수 있어요. 10년 전만 해도 제주도에는 까치가 없었어요. 10년 전에 사람들이 어떤 행사를 위해 까치를 제주도로 데려왔거든요. 그런데 무턱대고 들여 온 까치 때문에 제주도 생태계에 문제가 생겼어요.
　까치는 잡식성이라 열매나 씨앗, 곤충 등을 먹는 것까지는 좋은

땅 위에서 먹이를 구하러 다니는 모습.

까치

몸 길이 45~46cm
사는 곳 인가 근처, 농경지
나타나는 때 1년 내내

나뭇가지를 이용해 암수가 둥지를 짓는다. 둥지는 둥근 공 모양으로 위가 막혔고, 입구가 옆에 있다.

까치는 푸른 바탕에 갈색 반점이 있는 알을 7~8개 낳는다.

새끼들이 부화하면 어미는 곤충을 잡아다 먹이며 정성스럽게 키운다.

암수는 새끼들을 먹이기 위해 부지런히 땅 위를 돌아다니며 먹이를 찾는다.

데, 다른 새 둥지에 있는 알이나 새끼를 먹기도 해요. 이런 까치한테 당해서 번식에 실패하는 새들이 많아졌어요. 그리고 맹금류만 나타나면 까치는 떼로 몰려가서 맹금류를 공격해요. 까치들은 위협을 느낄 때 무리지어 방어하는 습성이 있거든요. 제주도의 맹금류들은 까치 등쌀에 오래 버티지 못하고 다른 곳으로 떠나 버렸어요. 낯선 제주도 환경에 적응한 까치의 개체 수가 점차 늘어나면서 생긴 문제죠.

우리가 사는 땅에 없는 종을 들여 올 때는 생태계에 어떤 영향을 미칠지 충분히 생각해 봐야 해요.

파랑새
상상과 현실은 너무나 달랐어요

"선배님! 이상한 새가 전깃줄에 앉아 있는데, 도대체 무슨 새인지 모르겠어요. 도감에도 나오지 않는 새 같아요. 빨리 이리로 와 보세요."

새를 연구하는 후배가 다급한 목소리로 전화를 했어요. 마침 그 날은 태풍이 지나간 다음 날이었어요.

'태풍에 새로운 새가 쓸려 왔나?'

태풍이 지나가고 나면 큰군함조나 에위니아제비갈매기처럼 우리나라에서 한 번도 관찰된 적이 없는 새가 발견되기도 하거든요. 기대감에 부풀어 후배가 있는 곳으로 한달음에 달려갔어요.

후배가 가리킨 전깃줄에 새가 앉아 있었어요. 두근거리는 마음을 진정시키고 쌍안경으로 새를 살폈어요. 몸 전체에 푸른빛이 도는데 약간 어두운 색이었죠. 하지만 아줌마가 아는 새였어요.

"파랑새야, 어린 파랑새!"

후배는 맥이 탁 풀리는 표정이었죠. 기대가 큰 만큼 실망도 컸을 거예요. 후배는 어린 파랑새를 처음 봤나 봐요. 몸 색깔이 너무 어둡고 부리가 빨간색이 아니어서 파랑새라고는 전혀 생각하지 못했대요.

그 때 전깃줄에 앉아 있던 파랑새가 날아올랐어요. 날개 끝에 흰 반점이 보였어요. 후배는 파랑새가 나는 모습을 먼저 보았다면 그

전깃줄에 앉아 곤충을 찾는 모습.

파랑새

몸 길이 29~30cm
사는 곳 숲, 농경지
나타나는 때 여름

파랑새의 부리는 붉은색인데, 어린 새는 부리가 검은색에 가깝다.

먹이를 충분히 먹고 배가 부른지 전깃줄에 앉아 깃털을 다듬는다.

사람은 머리가 가려우면 손으로 긁지만, 새들은 발가락으로 긁는다.

붉은 부리가 눈에 띄는 어미 새.

렇게 호들갑을 떨진 않았을 거라면서 미안한 표정을 짓더니, 그래도 얼굴 한 번 더 보니까 좋지 않냐고 너스레를 떨었죠.

파랑새는 여름에 우리 나라에 와서 번식을 해요. 둥지는 주로 나뭇구멍에 트는데, 가끔 까치나 딱다구리의 둥지를 빼앗아 이용하기도 해요. 까치 둥지를 빼앗다니 대단하죠. 까치도 크기나 성깔이 만만치 않은 새인데 말이죠.

아줌마는 처음 파랑새와 마주쳤을 때 저게 진짜 파랑새가 맞나 하는 생각이 들었어요. 동화책을 읽으며 파랑새는 맑은 소리로 지저귀고, 몸 전체가 파랗고 아름다운 새일 거라고 상상했거든요. 그러나 실제로 본 파랑새는 머리가 검고, 등과 날개 일부는 초록색을 띠며, 검은 날개 끝에 흰 반점이 있고, 꼬리도 검었죠. 결정적으로 아줌마의 상상을 무너뜨린 건 빨간색 부리와 '케엣케엣' 하고 우는 파랑새 소리였어요. 상상과 현실이 너무나 달랐던 거죠.

호랑지빠귀
새벽녘에 들리는 피리 소리

아줌마가 사는 집 주변은 온통 과수원이에요. 과수원은 작은 계곡에 닿아 있고요. 그래서 집 주변에는 직박구리, 박새, 방울새 등 새들이 많아요. 가끔 노랑할미새나 황금새도 나타난답니다. 새들과 가까이 지내며 관찰하기에 더할 나위 없이 좋은 곳이죠.

5월 어느 날, 늦은 밤까지 새와 관련된 책을 보다가 머리도 식힐 겸 밖으로 나와 하늘을 보았어요. 하늘에는 별이 총총 떠 있고, 밤공기가 상쾌했죠. 쏟아질 듯한 별을 구경하며 맑고 상쾌한 공기를 깊이 들이마시는데, 어디선가 '호오~' 하고 이상한 소리가 들렸어요. 꼭 가느다란 피리 소리 같았죠.

갑자기 소름이 쫙 돋고 으스스한 느낌이 들어 얼른 집 안으로 들어갔어요. 그런데 다음 날 새벽에 집 밖으로 나오니까 지난 밤에 들리던 그 소리가 또 들렸어요.

'곤충 소리일까? 아니면 새 소리?'

새 소리일 수도 있겠다 싶어 새 소리 CD를 꺼내 찾아보기로 마음먹었어요. CD에는 여러 종의 새 소리가 있는데, 아는 종들은 건너뛰면서 한 종씩 들어 보았죠. 아줌마가 들은 소리는 워낙 특이해서 헷갈릴 염려가 없었거든요. 새 소리 CD에서 확인한 결과, 아줌마가 들은 소리는 번식기가 되면서 짝을 찾는 호랑지빠귀 소리였어요.

땅 위를 돌아다니며 낙엽을 들춰 지렁이를 잡아먹는다.

호랑지빠귀

몸 길이 29~30cm
사는 곳 숲, 공원
나타나는 때 1년 내내

이끼로 만든 둥지에서 알을 품는 모습.

호랑지빠귀는 알을 3~5개 낳는다. 소나무 숲에 솔잎으로 둥지를 틀었다.

두 갈래 줄기 사이에 있는 호랑지빠귀 둥지. 계곡 근처라 이끼로 둥지를 틀었다.

낙엽이 쌓인 땅에서 지렁이를 찾는다. 낙엽 색과 너무나 비슷한 위장색이라 찾기 어렵다.

계곡에 호랑지빠귀가 있다는 걸 확인한 이상 찾아보지 않을 수 없었죠. 찾아간 계곡은 축축해서 바위에 이끼가 많고, 경사가 급해서 매우 위험했어요. 조심조심 바위를 밟으며 내려가니 계곡 가장자리에 낙엽이 쌓여 있었어요.

계곡 가장자리에서 부스럭거리는 소리가 들렸어요. 쌍안경으로 소리 나는 곳을 살펴보니 낙엽을 들추며 먹이를 찾는 호랑지빠귀가 보였죠. 축축한 땅에 잘 사는 지렁이를 잡는 거예요.

호랑지빠귀는 몸 윗면이 황갈색을 띠고, 턱과 가슴, 배는 흰색이에요. 몸 전체에 있는 검은색과 진한 갈색 얼룩무늬가 호랑이의 무늬를 연상시킨다고 해서 호랑지빠귀라는 이름이 붙었죠. 암컷과 수컷은 모양이나 색깔이 같아요.

호랑지빠귀를 보고 엉금엉금 기어 계곡을 빠져 나와 잠시 쉬는데, 나무 줄기 사이에 이끼와 마른 풀, 솔잎, 나뭇가지가 수북한 게 보였어요. 집에 와서 자료를 찾아보니 둥지의 형태나 재료가 호랑지빠귀 둥지가 맞았어요.

떼까마귀
고향으로 날 보내 줘요

겨울 해안가에서는 물새를 많이 볼 수 있어요. 그래서 겨울이 되면 해안 도로를 따라가며 새들을 관찰하곤 해요.

그 날도 해안 도로를 따라 걸으며 새를 관찰하는데, 도로변에 죽은 까마귀가 있는 거예요. 부리 끝이 곧고 뾰족하며 부리기부가 하얀 걸 보니 떼까마귀였죠.

'교통 사고를 당했나?'

해안 도로를 달리는 차를 미처 피하지 못하고 죽는 새들이 제법 많거든요. 죽은 떼까마귀를 길가 풀 속으로 치우고 다시 걷는데, 또 죽은 떼까마귀가 보였어요. 그제야 주변을 살펴보니 한두 마리가 아니에요. 여기저기 죽은 떼까마귀를 한 곳에 모으니 50마리가 넘었어요.

한 마리 한 마리 볼 때는 몰랐는데, 여러 마리를 한 곳에 모아 두니 농약 냄새가 나는 것 같았어요. 낌새가 이상해서 자세히 살펴보니 입가에 거품이 묻은 떼까마귀도 있고, 부리 안이 시꺼멓게 변한 것들도 있어요. 농약 섞은 먹이를 먹은 게 틀림없었죠. 떼까마귀는 겨울에 수백 마리에서 수천 마리씩 무리지어 다니기 때문에 이렇게 많은 수가 한꺼번에 죽었나 봐요.

아줌마는 누군가 떼까마귀를 죽이기 위해 놓아 둔 먹이가 있을 거라고 생각해 근처 밭을 뒤졌어요. 밭을 뒤지는 동안에도 죽은 떼

부리기부가 하얀 떼까마귀들이 전깃줄에 앉아 주변을 살피는 모습.

떼까마귀

몸 길이 47cm
사는 곳 농경지
나타나는 때 겨울

저녁이 되면 먹이를 찾느라 흩어져 있던 작은 무리가 잠자리로 가려고 몰려들어 장관을 이룬다.

말의 배설물에 꼬이는 곤충을 잡아먹기 위해 목장에 떼까마귀들이 모여든다.

전깃줄에 모여 앉은 떼까마귀들.

나무에 모여 앉은 떼까마귀들이 마치 열매처럼 보인다. 떼로 몰려다녀서 떼까마귀라는 이름이 붙었나 보다.

까마귀들이 계속 발견되었고, 다행히 아직 숨을 헐떡이는 것도 있었어요. 살아 있는 떼까마귀는 채 소화되지 않은 먹이를 토해 내도록 근처 바닷물을 떠다 먹였어요. 그렇게 해서 떼까마귀 10여 마리가 목숨을 건졌죠.

근처 밭에서 농약 섞은 보리 씨앗을 무더기로 찾아 냈어요. 농사 짓는 사람이 떼까마귀가 농작물을 망가뜨린다고 일부러 농약 섞은 보리 씨앗을 놓아 둔 거예요. 가까운 곳에는 떼까마귀뿐만 아니라 죽은 멧비둘기, 종다리 등도 있었어요. 독극물을 먹고 죽은 동물의 사체는 얼른 치워야 해요. 죽은 동물을 맹금류나 오소리, 개 등이 먹으면 같이 죽을 수 있거든요.

떼까마귀는 겨울을 보내기 위해 우리 나라에 찾아왔다가 나쁜 사람 때문에 고향에도 못 가고 삶을 끝마쳤어요. 농작물을 망친다고 떼까마귀들을 죽이는 것은 이해가 되지 않아요. 떼까마귀도 사람처럼 생명이 있는 존재인데 말이죠. 사람들에게 생명을 존중하는 마음이 있다면 자연은 더 아름다워질 거예요.

그 밖의 목소리가 엉망인 무리

염주비둘기

몸 길이 31~33cm
사는 곳 농경지, 인가 근처
나타나는 때 1년 내내

몸빛이 회색을 띠는 갈색이며, 뒷목에 가늘고 검은 가로줄이 뚜렷하다. 눈과 다리는 붉고, 부리는 광택이 없는 검은색이다. 땅 위를 돌아다니며 씨앗이나 열매를 주워 먹는다.

홍비둘기

몸 길이 23cm
사는 곳 농경지
나타나는 때 불규칙함

비둘기들 중 몸집이 가장 작다. 뒷목의 검은 가로줄이 뚜렷하다. 수컷은 머리와 얼굴이 푸른빛 도는 회색이며, 몸은 분홍빛 도는 갈색이다. 땅 위를 돌아다니며 씨앗을 주워 먹는다.

녹색비둘기

몸 길이 33cm
사는 곳 숲
나타나는 때 불규칙함

몸 윗면은 짙은 녹색이고, 목과 가슴은 옅은 녹색이며, 부리는 푸른빛이 도는 회색이다. 독도와 제주도 등지에서 몇 번 관찰된 기록이 있는 길 잃은 새로, 나무 위에서 열매를 따 먹는다.

뻐꾸기

몸 길이 33~36cm
사는 곳 숲
나타나는 때 여름

몸 윗면은 회색이고, 배는 흰 바탕에 가늘고 검은 가로줄 무늬가 있다. '뻐꾹뻐꾹' 하고 울며, 송충이를 주로 잡아먹는다.

벙어리뻐꾸기

몸 길이 33cm
사는 곳 숲
나타나는 때 여름

몸 윗면은 회색이고, 흰 배에 검은색 가로줄 무늬가 있다. 가로줄 무늬는 뻐꾸기보다 굵다. '보-보-' 하고 단조롭게 울며, 송충이를 주로 잡아먹는다.

후투티

몸 길이 26~28cm
사는 곳 농경지, 풀밭
나타나는 때 여름

길게 뻗은 여름깃을 펼치면 왕관 모양이 된다. 부리는 길고 아래로 휘었다. 동물의 배설물이나 퇴비가 쌓인 곳에 부리를 넣고 지렁이, 곤충을 잡아먹는다.

그 밖의 목소리가 엉망인 무리

개개비

몸 길이 18~19cm
사는 곳 물가의 풀숲, 갈대밭
나타나는 때 여름

몸 윗면은 갈색, 아랫면은 흰색이다. 흰 눈썹선이 있으나 뚜렷하지 않으며, 부리 안쪽이 붉다. 하루 종일 갈대 줄기를 붙잡고 '개개개비비비' 하며 시끄럽게 운다. 곤충을 잡아먹는다.

숲새

몸 길이 10~11cm
사는 곳 풀숲, 덤불
나타나는 때 여름

몸이 아주 작고, 꼬리가 짧다. 몸 윗면은 갈색, 아랫면은 연노란색이며, 흰 눈썹선이 뚜렷하다. '씨씨씨씨씨' 하며 곤충과 비슷한 소리를 내고, 작은 곤충이나 거미를 잡아먹는다.

참새

몸 길이 14~15cm
사는 곳 인가 근처, 농경지
나타나는 때 1년 내내

몸 윗면은 갈색이고, 옆목에 검은 반점이 있다. 나무나 땅 위에서 씨앗, 낟알 등을 찾으며 두 다리로 '통통' 뛰어다닌다. '짹짹' 하는 단조로운 소리를 낸다.

까마귀

몸 길이 50cm
사는 곳 인가 주변 숲, 농경지
나타나는 때 1년 내내

몸 전체가 검고, 머리와 부리가 완만하게 이어진다. 예전에는 인가 근처 숲에서 번식했으나 개발로 서식지가 파괴되고, 농약을 사용함에 따라 먹이가 부족해져서 개체 수가 많이 줄고 있다.

갈까마귀

몸 길이 33cm
사는 곳 농경지
나타나는 때 겨울

까마귀들 중에서 가장 작다. 뒷머리의 흰색이 가슴과 배의 흰 부분과 이어지며, 나머지 부분은 검다. 어린 새는 몸 전체가 검다. 곤충을 주로 먹는다.

큰부리까마귀

몸 길이 56~57cm
사는 곳 숲
나타나는 때 1년 내내

몸빛이 검고, 이름에서 알 수 있듯 부리가 크고 두툼하다. 숲의 소나무 꼭대기에 둥지를 짓는다. 곤충이나 동물의 사체를 주로 먹는다.

아빠 사랑으로 자란답니다
수컷이 새끼를 기르는 새들

호사도요 · 물꿩

호사도요
아빠가 엄마예요?

　새를 연구하는 친구가 멀리서 아줌마를 찾아왔어요. 오랜만에 친구를 보니 반갑고, 친구와 함께 새를 보러 다닐 수 있어 기뻤죠. 이동하는 새들이 한창 찾아오는 5월 초라 어디로 새를 보러 갈까 고민할 필요가 없었어요. 이동하는 새들이 바다를 건너 처음 내려앉는 제주 서쪽 지역을 돌면 많은 새들을 볼 수 있거든요.

　서쪽 지역으로 가는 길에 논이 있어 잠시 그 곳에 들르기로 했어요. 도요새와 물떼새들을 보기 위해서죠. 농로 옆에 작은 개울이 흐르고, 개울가에는 풀이 무성하게 자랐어요.

　농로를 따라 가는데 갑자기 친구가 멈추더니, 마른 풀 사이에 새가 보인다는 거예요. 아줌마 눈에는 마른 풀만 보였어요. 도대체 어디에 새가 있는지 모르겠더라고요. 아줌마가 새를 찾지 못하자 친구가 손가락으로 개울 바닥을 가리켰어요. 친구가 가리키는 곳을 한참 쳐다본 뒤에야 새를 찾았어요. 마른 풀과 몸 색깔이 어찌나 비슷한지 헷갈리더라고요.

　거기에는 호사도요가 있었어요. 도요 무리는 보통 부리가 짧고 끝이 뾰족한데, 호사도요는 부리가 길고 끝이 뭉툭하죠. 눈 주위의 흰색이 뒷목까지 연결되고요. 목에 붉은 기가 없는 것을 보니 수컷이에요. 보통 다른 새들은 수컷이 화려한데, 호사도요는 암컷이 더 화려하죠. 그래서 암컷이 수컷을 유혹하고 짝짓기 해서 알을 낳아

새끼를 데리고 다니며 먹이는 수컷.

호사도요 (천연기념물 449호)

몸 길이 23~26cm
사는 곳 강, 하구, 논
나타나는 때 1년 내내

아빠 사랑으로 자란답니다. 수컷이 새끼를 기르는 새들

수컷에 비해 몸빛이 화려한 암컷이 논 사이에서 먹이를 찾다가 잠시 쉬고 있다.

수컷은 몸빛이 수수하여 마른 풀 사이에 숨으면 찾기 어렵다.

수컷은 새끼들을 데리고 다니다 위험이 닥치면 품에 숨기고 꼼짝 않는다.

요. 알을 낳고 나면 암컷은 다른 수컷을 찾아 떠나고, 수컷이 혼자 남아 알을 품고 새끼를 키우죠.

  그 동안 호사도요가 나그네새로 알려져 있었는데, 2000년에 충청남도 천수만에서 번식하는 것이 확인되었어요. 호사도요는 나그네새이자 드물게 번식하기도 하는 여름 철새인 셈이죠. 천수만에는 갯벌을 매립해서 만든 대규모 논이 있어요. 그 때만 해도 농사짓는 사람들만 드나들 수 있고, 대규모 기계 영농으로 새들이 번식을 하고 살아가기에 알맞은 곳이었죠. 지금도 호사도요가 번식했다는 소식이 간간이 들려 오지만 예전만은 못해요.

물꿩
이제는 손님이 아니랍니다

　아줌마는 여름에 주로 산이나 계곡으로 산새를 찾아다니는데, 오랜만에 해안 주변 습지로 갔어요. 운이 좋으면 귀한 여름 철새를 만날 수도 있거든요.

　한나절 가까이 습지를 둘러보았지만 백로 몇 마리가 한가로이 먹이를 찾는 모습만 눈에 띄었죠. 배도 고프고 괜한 짓을 했나 싶어 발길을 돌리려는데, 저만치 떨어진 논에서 뭔가 움직이는 게 보였어요. 별 생각 없이 쌍안경으로 보다가 깜짝 놀랐어요. 그 보기 힘든 물꿩이 네 마리나 있었거든요. 하늘을 날 것 같은 기분이었죠. 배고픔도 잊은 채 한참 동안 바라보았어요.

　다음 날, 날이 밝자마자 그 곳으로 달려갔어요. 그러나 아무리 둘러봐도 물꿩은 보이지 않았어요. 다리에 힘이 쭉 빠졌죠. 7월에 네 마리나 보여서, 혹시 이 곳에서 번식을 하려는 것이 아닐까 기대했거든요. 물꿩은 따뜻한 동남아시아 지역에서 번식을 하는데, 우리 나라에서는 번식한 기록이 없어 기대가 더 컸죠.

　아쉬운 마음에 물꿩이 있던 논을 하릴없이 바라보는데, 길고 검은 꼬리를 휘날리며 물꿩이 날아가는 게 보였어요. 행여나 놓칠세라 물꿩이 날아간 쪽으로 허둥지둥 따라가다 보니 작은 습지가 나왔어요. 멀찍이 떨어진 곳에서 쌍안경으로 살펴보았어요. 그 곳에 물꿩 두 마리가 있었죠. 한 마리는 마름으로 뒤덮인 습지에서

새끼를 보호하며 먹이를 찾아 먹이는 수컷.

물꿩

몸 길이 암컷 50cm 내외, 수컷 40cm 내외
사는 곳 습지, 저수지
나타나는 때 불규칙함

새 친구들
아빠 사랑으로 자란답니다. 수컷이 새끼를 기르는 새들

암수는 몸빛이 비슷하지만 수컷이 작다.
등에 올라탄 것이 수컷이다.

초콜릿 색이 나는 원뿔 모양 알을
4개 정도 낳는다. 수컷은 알을 품는 동안
알이 물에 잠기지 않게 수초를 이용해서
둥지를 계속 보수한다.

새끼가 다 크면 독립해 먹을 것을
찾아다닌다.

물꿩은 발가락이 길어 연잎이나
수초 위를 가볍게 걸어다닌다.

먹이를 찾는지 돌아다니고, 다른 한 마리는 마름을 모아서 쌓고 있었어요.

'둥지를 짓고 있어.'

그 순간 너무나 기쁜 나머지 아줌마도 모르게 소리를 지를 뻔했어요. 물꿩은 둥지를 다 짓고 나서 소리를 내며 짝을 찾더니 둥지 위에서 사랑을 나누었어요.

물꿩은 암컷이 수컷보다 커요. 알은 보통 네 개 안팎으로 낳는데, 수컷이 알을 품어요. 암컷은 알을 낳고 나면 먹이만 찾아 먹다가 이내 사라지죠.

수컷은 25일 정도 알을 품었어요. 알에서 깬 새끼들은 몸에 솜털이 있는데, 솜털이 마르자마자 마름 위를 돌아다니며 먹이를 찾아 먹었어요. 수컷은 새끼들을 데리고 다니며 부지런히 보살폈지요.

한 달이 지나 찾아갔을 때는 물꿩이 보이지 않았어요. 새끼들이 날자 더 넓은 습지를 찾아 떠났나 봐요.

나 찾아봐라!
위장의 명수들

흑로 · 알락해오라기 · 그 밖의 해오라기들 · 쏙독새

흑로
까만 바위에 있으면 아무도 나를 못 찾지롱

바닷가에 갔다가 시꺼먼 새가 날아가는 것을 보았어요. 긴 목을 구부리고 나는 자세가 백로 같았어요.

'아하! 저래서 흑로(검은 백로)라고 하는구나.'

그 근처 바닷가를 돌아다니다가 갯바위에서 다른 흑로를 보았어요. 처음에는 갯바위에 아무것도 없는 줄 알았죠. 갯바위도 검고, 흑로의 깃털도 검어서 잘 보이지 않았거든요. 흑로는 바닷물이 얕은 갯바위에 꼼짝 않고 있다가 빠른 동작으로 물 속에서 물고기를 낚아채더니, 한입에 꿀꺽 삼키고는 다시 물 속을 가만히 바라보며 먹이가 나타나기를 기다렸어요.

흑로는 주로 갯바위가 있는 바닷가에 살아요. 갯바위가 시꺼멓기 때문에 흑로가 잘 보이지 않겠죠? 이런 몸빛은 위장색이 되어 적들에게 노출되는 것을 막아 줘요. 그리고 갯바위 사이사이에 물고기들이 숨어 살기 때문에 먹이를 얻기도 편하고요. 바다로 둘러싸이고 갯바위가 발달한 제주도는 흑로가 살아가기에 적합한 장소지요.

흑로를 연구하는 선배를 따라 흑로 둥지를 보러 간 적이 있어요. 둥지를 본다는 설렘으로 따라 나섰다가 죽을 고생을 했지요. 흑로는 깎아지른 절벽에 둥지를 틀거든요. 미리 알았다면 절대 따라가지 않았을 거예요.

가파른 절벽을 엉금엉금 기어 내려가고, 아슬아슬하게 솟은 갯바

검은 갯바위는 흑로가 살아가기에 안성맞춤인 곳이다.

흑로

몸 길이 58~62cm
사는 곳 바닷가
나타나는 때 1년 내내

마른 풀 줄기나 나뭇가지를 이용해서 만든 둥지에 하늘색 알을 3~5개 낳는다.

부화한 지 일주일 정도 되어 솜털이 거의 다 자란 새끼들이다. 새끼들은 어미가 잡아 온 먹이를 먹고 무럭무럭 자란다.

얕은 물가에서 사냥한 물고기를 목에 넣고 새끼들에게 가서 먹인다.

가끔 물 위에 그늘을 만들어 물고기를 모으기도 하고, 특이한 동작으로 먹이를 사냥하기도 한다. 모두 자연에 적응해서 살아남는 방법을 나름대로 터득하고 있다.

위를 넘어, 깎아지른 절벽 밑에 도착했어요. 밑에서는 둥지가 겨우 보일락 말락 했어요. 절벽을 타고 올라갈 생각을 하니 다리가 후들거렸지만 거기까지 가서 포기할 순 없었죠.

　아줌마는 둥지에 올라가기 전에 헛기침을 해서 둥지에 어미 새가 있는지 확인했어요. 갑자기 사람이 나타나면 놀라서 도망가다가 둥지에 있는 알이나 새끼를 떨어뜨릴 수 있거든요. 절벽을 조심조심 기어올라가니, 마른 풀 줄기와 나뭇가지로 지은 둥지에 하늘색을 띤 알이 예쁘게 놓여 있었어요. 옆의 둥지에서는 솜털이 보송보송한 새끼들이 아줌마를 보고 놀라 둥지 뒤쪽으로 도망가기도 했지요. 얼른 몇 가지 조사를 하고 내려왔어요. 어미 새가 오랫동안 둥지를 비우면 알과 새끼들이 추위에 떨거든요.

　그런데 둥지 근처에 깨진 알과 새끼들이 잡아먹힌 흔적, 죽은 어미 새의 깃털 등이 있었어요. 절벽에 둥지를 틀어 안전하다고 생각했는데 그렇지도 않은가 봐요. 선배에게 물어보니 까치들이 알을 몰래 훔쳐 먹고, 쥐들은 어미 새가 없는 틈을 타서 새끼들을 잡아먹는대요. 매는 알을 품느라 정신이 없는 어미 새를 잡아먹고요. 자연에서 산다는 게 참 어려운 일인가 봐요.

알락해오라기
숨은 그림 찾기

　부들로 뒤덮인 습지가 있어요. 여름이 되면 부들이 길고 빽빽하게 자라서 새들이 몸을 숨기기에 좋은 곳이죠. 그래서 그 곳에는 늘 새들이 많고, 황새나 붉은왜가리, 저어새와 같이 희귀한 새들도 가끔 나타나기 때문에 아줌마가 자주 찾아가요.
　겨울에는 어떨까 하고 그 습지에 가 보았어요. 부들은 모두 말라 죽고, 새는 한 마리도 보이지 않았어요. 한참을 서성이다가 괜히 헛걸음했다고 발길을 돌리려는데, 마른 부들 사이로 알락해오라기가 얼핏 보였어요. 뻔히 보면서도 마른 부들과 색깔이 비슷해서 알락해오라기가 있는지 몰랐던 거예요.
　보통 새들은 사람이 나타나면 달아나는데, 이 녀석은 고개를 쭉 빼고 부들인 척 꼼짝 않고 있었죠. 아줌마는 속은 것이 약 올라 장난기가 발동했어요. 언제까지 부들인 척하나 보려고 알락해오라기가 있는 곳으로 다가갔죠.
　'이쯤이면 달아나겠지.'
　그래도 꼼짝 않았어요. 조금 더 앞으로 다가갔죠.
　'어라? 아직도 꼼짝 않네.'
　그 때 알락해오라기와 눈이 딱 마주쳤어요. 그제야 아줌마에게 들켰다고 생각했는지, 흰 똥을 찔끔 싸면서 날아가더라고요. 알락해오라기가 놀랐을 걸 생각하니 미안한 마음이 들었어요.

마른 풀 사이에 숨으면 찾기 힘들다.

알락해오라기

몸 길이 71~80cm
사는 곳 개울, 호수, 습한 풀밭
나타나는 때 겨울

위험을 느끼면 목을 쭉 빼고 식물인 듯 꼼짝도 안 해 좀처럼 관찰하기 힘들다.

날아서 이동하는 알락해오라기

덩치가 크지만 부들 사이에 들어가면 알아보기가 쉽지 않다.

알락해오라기가 갈대나 부들 속에 있으면 정말 숨은 그림 찾기를 하는 기분이에요. 어느 것이 갈대고, 어느 것이 알락해오라기인지 헷갈리거든요. 갈대가 무성한 습지를 걷다 보면 70cm가 넘는 알락해오라기가 갑자기 옆에서 날아올라 깜짝 놀라기도 해요.

알락해오라기는 물이 고인 습지에 살며, 물고기를 주로 먹어요. 한번은 주변에 습지가 전혀 없는 밭에서 알락해오라기를 봤어요. 밭에서 먹이를 찾고 있던 모양이에요. 알락해오라기가 들쥐나 지렁이 같은 것도 잡아먹는다는 말을 얼핏 들은 기억이 나요.

새를 보러 갈 때는 갈대나 부들 속도 유심히 살펴보세요. 알락해오라기와 숨은 그림 찾기를 할 수도 있을 테니까요.

그 밖의 해오라기들

덤불해오라기

몸 길이 34~38cm
사는 곳 저수지, 강, 호수, 논
나타나는 때 여름

몸빛은 갈색이다. 날 때 날개깃과 꼬리 끝의 검은색이 눈에 띈다. 목과 가슴, 배에 세로줄이 있다. 갈대밭이나 물가의 풀숲에 줄기에 난 잎을 쌓아 둥지를 만든다. 물고기, 개구리 등을 잡아먹는다.

해오라기

몸 길이 56~60cm
사는 곳 저수지, 강, 호수, 논
나타나는 때 1년 내내

뒷머리에 흰 댕기깃 2~3가닥이 길게 늘어졌다. 눈이 붉은색이고, 뒷머리와 등은 검다. 밤에 물고기나 개구리 등을 잡아먹는다.

검은댕기해오라기

몸 길이 48~52cm
사는 곳 논, 저수지, 강, 계곡
나타나는 때 여름

뒷머리에 난 검은 깃이 뒷목까지 늘어졌다. 몸은 푸른빛이 도는 회색이며, 다리는 노랗다. 낮에 작은 물고기나 개구리, 수서곤충을 찾아다닌다.

흰날개해오라기

몸 길이 42~45cm
사는 곳 논, 개울, 저수지
나타나는 때 여름

여름에는 머리부터 뒷목, 가슴, 댕기깃이 적갈색이며, 노란 부리는 끝이 검다. 겨울에는 몸 윗면이 어두운 갈색을 띤다. 얕은 물에서 물고기나 개구리를 잡아먹는다.

쏙독새
둥지도 없이 맨땅에 알을 낳다니

나무를 이리저리 옮겨 다니는 산새들을 보기란 쉽지 않아요. 새가 있는지 나무 위를 한 번 쳐다보고, 땅에 나뭇가지가 있는지 발끝 한 번 쳐다보며 조심조심 걸어야 하거든요. 나뭇가지를 밟으면 안 돼요. 나뭇가지 부러지는 소리는 새들에게 천둥 소리보다 크게 들리거든요.

산새를 보기 위해 한참 숲을 헤매 다녔어요. 새 소리는 여기저기에서 들리는데, 새는 좀처럼 보이지 않았죠. 좀 쉬려고 쓰러진 고목 위에 앉았어요. 그런데 풀 위에 새알 두 개가 놓인 거예요. 나무 위 둥지에서 떨어졌나 하고 올려다봐도 둥지는 없었어요.

'이상하다. 까치나 까마귀가 도둑질을 하다 떨어뜨렸다면 깨졌을 텐데……. 멀쩡한 알 두 개가 왜 여기에 있을까?'

나무 뒤에 숨어서 기다렸죠. 새를 관찰하려면 기다릴 줄 알아야 해요. 한참을 기다리자 새가 날아와 알을 품기 시작했어요. 밤에 숲에서 '쏙쏙쏙' 소리를 내는 쏙독새예요. 아줌마가 나타나자 놀라서 달아났다가 주변이 조용해지니까 다시 알을 품으려고 왔나 봐요.

둥지도 만들지 않고 풀 위에 그냥 알을 낳아도 괜찮을까 걱정이 되었어요. 그래도 어미 새는 태연하게 꼼짝도 하지 않고 알을 품더라고요.

우리 나라에서 여름을 나기 위해 먼 바다를 건너와 갯바위에 앉아 쉬는 모습.

쏙독새

몸 길이 29cm
사는 곳 숲
나타나는 때 여름

둥지를 짓지 않고 풀밭이나 맨땅에 알을 2개 낳는다.

새끼들은 솜털이 난 채로 알에서 깨지만, 며칠 동안 그 자리에서 먹이를 받아 먹다가 떠난다.

쏙독새는 밤에 활동하며 나방을 잡아먹기 때문에 낮에는 굵은 나뭇가지에 앉아 있다. 몸빛이 나뭇가지 색과 비슷해 옆에 있어도 발견하기 어렵다.

조심스럽게 그 자리를 벗어났다가 일주일 뒤에 다시 그 곳을 찾아갔어요. 멀리서 쌍안경으로 살펴보니 그 자리에 알 대신 솜털이 보송보송한 새끼 두 마리가 있었어요. 알에서 깬 지 며칠은 지난 것 같은데, 그 자리에 있는 게 이상했죠. 보통 솜털이 덮인 채 알에서 깨는 새끼들은 한두 시간 지나면 어미를 따라다니거든요.

집에 와서 쏙독새에 관한 자료를 찾아보니, 부화한 자리에서 어미가 주는 먹이를 받아 먹다가 일주일쯤 지난 뒤 어미를 따라다닌대요. 그래도 일주일이나 땅바닥에 그렇게 있으면 위험하지 않을까요? 어미가 가까운 데서 먹이를 잡으며 경계를 늦추지 않거나 수시로 새끼를 보러 오나 봐요.

쏙독새는 밤에 활동하기 때문에 낮에는 나뭇가지나 낙엽에 앉아 쉬어요. 쏙독새의 몸빛은 나뭇가지나 낙엽과 거의 비슷하기 때문에 눈에 잘 띄지 않죠. 함께 새를 보러 간 친구는 쏙독새가 있는 곳을 손짓해 줘도 못 찾더라고요.

땅 밟기가 싫어요
비행의 명수들

슴새·칼새·제비·큰군함조·그 밖의 비행을 잘하는 새들

슴새
쿵! 무슨 소리일까요?

바람이 세차게 불어 바다에 큰 파도가 일었어요. 그런데 수백 마리나 되는 새들이 넘실대는 파도 위를 나는 게 보였어요.

'무슨 새일까? 갈매기들은 저렇게 파도를 타면서 날지 못하는데······.'

망원경을 설치하고 보았죠. 고정해 둔 망원경이 세찬 바람에 흔들리고, 새들은 너무 빨리 날아 망원경 속으로 나타났다 사라지고 다시 나타나서 정신이 없었어요. 그래도 폭이 좁은 날개가 길고, 등과 날개가 어두운 갈색이며, 몸 아랫면이 희고, 부리가 긴 것은 알아볼 수 있었죠. 여름에 우리 나라에 와서 번식하는 슴새예요. 슴새는 제주도 근처의 사수도라는 무인도에서 무리지어 번식을 해요.

아줌마는 슴새를 연구하기 위해 사수도에 간 적이 있어요. 슴새를 잡아 다리에 가락지도 달고, 둥지를 찾아 알과 새끼가 있는지도 살펴보았지요. 사수도는 천연기념물로 지정되어 사람들이 함부로 드나들 수 없답니다.

사수도에 도착해 보니, 이상하게도 어미 슴새가 한 마리도 보이지 않았어요. 대신 섬이 온통 슴새들의 둥지로 가득했죠. 아줌마는 함께 간 사람들과 섬을 돌면서 둥지 수를 세었어요. 슴새는 땅 속에 굴을 파 둥지를 만들고 알을 낳는데, 재미있는 건 둥지마다 하

땅에 있을 때는 자세가 엉성하다.

슴새

몸 길이 48~49cm
사는 곳 먼 바다
나타나는 때 여름

새끼들은 낮 동안 굴 속에서 조용히 먹이를 잡으러 간 어미를 기다린다. 보통 굴 하나에 새끼 한 마리가 있는데, 옆집 새끼가 심심했는지 놀러 왔나 보다.

거의 다 자란 새끼. 이제 어미는 오지 않는다. 새끼들은 배가 고파 견딜 수 없으면 먹이를 찾아 바다로 나간다.

죽은 새끼. 방어 능력이 없는 새끼들은 쥐의 먹이가 되기도 한다.

슴새는 땅에 굴을 파고 알을 낳는다. 흙이 부드러워 둥지 만들기는 그리 어렵지 않다. 무리지어 번식을 하기 때문에 여기저기 둥지가 많이 보인다.

얀 알이 달랑 하나씩 있는 거예요.

해가 뉘엿뉘엿 질 무렵에야 둥지를 다 세었어요. 곧 어두워졌죠. 그 때 '쿵' 하고 땅에 무언가 떨어지는 소리가 들렸어요. 그러더니 여기저기에서 '쿵', '쿵' 하는 소리가 연이어 들리는 거예요. 손전등을 켜니까 조금 전만 해도 보이지 않던 슴새들이 눈에 띄었어요. 불빛에 놀란 슴새들이 뒤뚱뒤뚱 걸어서 달아나는 게 보였죠. 그리고 나무 사이로 슴새들이 계속 '쿵', '쿵' 떨어졌어요. 땅이 부드럽지 않으면 다치겠더라고요.

슴새들은 낮에 먹이를 잡으러 바다로 나가고, 저녁이 되면 둥지로 돌아와서 알을 품었어요. 슴새를 잡아 다리에 가락지를 달고 크기를 쟀어요. 슴새는 부리가 길고 끝이 갈고리처럼 휘어 긁히기라도 하면 피가 날 정도로 위험해요. 분홍색 발가락에는 물갈퀴가 있고요. 가락지를 달고 놓아 주니까 걸어서 자기 둥지로 찾아가더라고요. 밤이라 잘 보이지도 않고 둥지도 비슷한데 어떻게 둥지를 찾는지 무척 신기했어요.

조사를 하다 보니 벌써 해가 떴어요. 슴새들이 다시 둥지에서 나와 어디엔가로 걸어갔어요. 아줌마는 천천히 따라갔죠. 슴새들은 바다가 훤히 보이는 절벽 앞에 이르자, 바다로 떨어지며 행글라이더를 타듯 하늘로 날아올랐어요. 처음 날아오를 때나 땅에 내려앉을 때 영 어색한 걸 보니 슴새는 날개 근육이 약한가 봐요.

칼새
하늘에서 사랑을 나눠요

아줌마는 새를 보기 위해 절벽으로 둘러싸인 무인도에 간 적이 있어요. 무인도는 사람들이 없기 때문에 새들이 살기 좋아요. 사방이 깎아지른 절벽이라 섬에 올라가기 어려웠죠. 비교적 경사 완만한 곳으로 기어올라가니 섬 위쪽은 넓고 평평했어요. 그 곳에는 억새가 우거지고, 한쪽에는 소나무 숲도 있었죠.

아줌마가 나타나자 다른 새들은 억새 속으로 숨는데, 엄청나게 많은 칼새 떼가 시끄럽게 울어 대며 아줌마 머리 위에서 날아다녔어요.

'왜 저렇게 울어 대며 서로 쫓고 쫓기지?'

칼새들의 행동이 이상해서 가만히 살펴보니 짝짓기 하느라 그런 거였어요. 그 때가 5월이니 한창 짝짓기를 할 때죠. 칼새들은 둥지를 짓거나 번식할 때를 빼면 대부분 하늘에서 생활하기 때문에 짝짓기도 하늘을 날면서 한답니다.

칼새들을 한참 살펴보다가 물이 빠져 갯바위가 드러난 해안으로 내려왔어요. 해안을 따라 섬을 천천히 돌면서 살펴보았어요. 절벽 위로는 바다직박구리가 날아다니고, 절벽 틈으로는 칼새들이 날아다녔어요. 절벽 틈이 아주 좁아 보이는데, 칼새들은 부딪히지도 않고 그 사이를 왔다갔다했어요.

'왜 절벽 틈으로 날아다닐까?'

허리가 희고 날개가 낫처럼 생겼다.

칼새

몸 길이 19~20cm
사는 곳 높은 산, 바닷가 절벽
나타나는 때 여름

턱이 흰색을 띤다.

무리지어 짝짓기 비행을 한다.

절벽이 너무 가팔라서 올라가지도 못하고 궁금증만 더해 갔어요. 그래서 다음 날 절벽을 잘 타는 친구를 데리고 다시 섬에 가 보았어요. 칼새들은 여전히 시끄럽게 울고 절벽 틈을 들락거렸죠. 친구에게 절벽 틈을 봐 달라고 했어요. 친구는 절벽을 아슬아슬하게 올라갔다가 내려오더니, 절벽 바위에 얇은 제비집 모양 둥지가 붙어 있다는 거예요.

'아하! 칼새 둥지가 거기에 있구나.'

재료는 해초 같다고 했어요. 둥지가 여러 개 보였다는 것으로 봐서 칼새들도 집단으로 번식하나 봐요.

칼새들이 하늘 높이 날기 때문에 보통 칼새의 몸 아랫면이 보이죠. 몸 아랫면은 턱이 희고 나머지 부분은 검은색이에요. 섬 위에서는 둥지를 들락거리는 칼새들의 몸 윗면을 볼 수 있어요. 칼새는 허리가 흰색을 띠고, 꼬리는 짧은 제비 꼬리형이며, 부리는 넓어요. 넓은 부리를 이용해 하늘을 날면서 곤충을 낚아채지요.

하늘을 볼 때 혹시 칼새가 날아가나 주의 깊게 살펴보세요. 번식기에는 절벽이 있는 해안에서 주로 관찰되지만, 봄이나 가을 이동기에는 도심을 날아가기도 하거든요.

제비
그 많던 제비는 다 어디로 갔을까?

봄바람을 타고 찾아온 제비가 하늘을 빠르게 날아다니며 공중에서 곤충을 낚아채는 게 눈에 띄었어요. 그러더니 어느 날부터 아줌마 집 처마 밑에 진흙과 지푸라기를 물어다 둥지를 짓는 거예요. 눈물이 핑 돌 정도로 반가웠죠. 도대체 얼마 만인지 몰라요.

예부터 제비는 사람 사는 집에 둥지를 틀고 살 만큼 사람과 아주 친근한 새예요. 우리 조상들은 가까이 살며 해로운 곤충을 잡아먹어 농사에 도움을 주는 제비를 어느 새보다 아끼고 사랑했어요. 그래서 흥부에게 박씨를 물어다 주는 새로 제비를 선택했을 거예요.

예전에는 제비가 참 많았어요. 아줌마 집 처마 밑에는 늘 제비집이 2~3개 있었죠. 주변의 밭이 과수원으로 바뀌면서 제비가 차츰 줄더니, 몇 년째 나타나지도 않더라고요. 둥지를 지을 재료가 부족하고, 과수원에 농약을 뿌려 먹이를 구하기도 힘들었나 봐요.

알을 품는지 한동안 둥지를 지키던 제비가 부리에 곤충을 물고 나타났어요. 그러자 털도 없는 새끼 다섯 마리가 노란 주둥이를 쫙 벌리고 서로 먹겠다고 난리였죠. 어미는 부지런히 먹이를 날라다 새끼들을 골고루 먹였어요. 제비는 아줌마가 가까이 있어도 아랑곳하지 않아 편하게 관찰했죠.

다른 새들은 보통 먹이를 주고 나서 새끼의 똥을 물고 나가잖아요. 새끼들이 둥지에 똥을 싸면 적들이 똥 냄새를 맡고 나타나 위

새끼에게 먹이를 먹일 때도 내려앉지 않고 날면서 먹인다.

제비

몸 길이 17~18cm
사는 곳 인가 근처
나타나는 때 여름

처마에 진흙과 마른 풀로 둥지를 짓는데, 아주 견고해서 이듬해에도 이용된다.

먹이를 받아 먹는 어린 새나 둥지 만들 재료를 구하는 때가 아니면 거의 땅에 내려앉지 않는다.

물 위를 날아다니며 곤충을 잡아먹기도 하고, 물을 차면서 목욕을 하기도 한다.

수백 마리에서 수만 마리나 되는 제비들이 월동지로 가기 전에 전깃줄에 모여 쉬거나 잠을 자는 모습이 장관이다.

험하니까요. 그런데 제비는 새끼에게 먹이를 먹이고 그냥 날아가더라고요. 새끼들은 꽁지를 둥지 밖으로 내밀고 똥을 싸고요. 둥지 밑 땅바닥에는 제비 똥이 하얗게 쌓였죠. 사람들이 가까이 있어서 적이 나타나지 못할 거라고 생각하나 봐요.

새끼들이 무사히 자라 둥지를 떠났어요. 어미 새처럼 하늘을 빠르게 날며 먹이를 낚아채는 모습이 대견했죠. 그리고 쌀쌀한 가을바람이 불자 어미와 함께 따뜻한 곳으로 떠났어요.

아줌마는 처마 밑에 남은 둥지를 보며 고민했어요. 저 둥지를 떼어 내야 하는지, 말아야 하는지. 새들은 보통 헌 둥지를 다시 이용하지 않거든요. 그래서 헌 둥지를 떼어 주면 다시 그 자리에 둥지를 틀죠.

예전에 제비들이 헌 둥지를 다시 이용했는지, 아닌지 도무지 생각이 나지 않았어요. '어릴 적에 더 자세히 봐 둘 걸……' 후회가 되었어요. 고민 끝에 그냥 두기로 결정했어요. 이듬해에 제비가 헌 둥지를 이용하는지 살펴보려고요. 아줌마의 결정은 옳았어요. 제비는 다음 해에 헌 둥지를 조금 고쳐서 알을 낳고 새끼를 키웠어요.

이제는 흔하다고 대충 관찰하면 안 되겠어요. 제비처럼 언제 새들이 사라질지 모르잖아요.

큰군함조
아줌마와 큰군함조의 비린내 나는 동거

　큰군함조는 태평양과 인도양의 열대와 아열대 바다에서 물고기를 잡아먹으며 사는 새예요. 우리 나라에서는 볼 기회가 거의 없죠. 그런데 아줌마는 운 좋게 큰군함조와 20일 동안 함께 지낸 적이 있어요. 태풍 때문이죠.

　2004년 8월, 우리 나라에 큰 태풍이 지나갔어요. 열대의 먼 바다 위를 날던 큰군함조가 이 태풍에 휩쓸려 왔나 봐요. 태풍이 지나간 다음 날, 부둣가에서 잡혀 아줌마 집으로 왔어요. 태풍에 시달리고 먹이를 먹지 못해 힘이 없었지요.

　더운 지역에 살던 새라 따뜻한 방으로 옮기고, 창문을 모두 닫았어요. 그리고 꼬리가 제비처럼 길고 깊게 파인 큰군함조가 앉기 편하라고 1m 높이의 접는 사다리를 갖다 놓았어요. 힘없이 방구석에 앉아 있는 새를 사다리에 앉히려고 들었는데, 다리가 너무 짧아서 깜짝 놀랐죠. 큰군함조는 몸 길이가 1m 정도고, 날개 길이는 2m가 넘거든요. 그런데 다리는 5cm도 안 됐어요. 알을 낳고 새끼를 키우는 번식기를 제외하고는 땅에 내려앉지 않고, 바다 위를 날면서 살기 때문에 다리며 발가락이 크거나 길 필요가 없는 거죠.

　아줌마는 큰군함조에게 물고기를 하루에 두 마리씩 먹였어요. 처음에는 사람에게 잡혀서 그런지 먹으려 하지 않았어요. 그래서 억지로 부리를 벌리고 먹였죠. 그 뒤로는 양동이에 물고기를 넣어 두

날개 길이는 2m가 넘을 정도로 길다.

큰군함조

몸 길이 86~100cm
사는 곳 먼 바다
나타나는 때 불규칙함

넓은 해양을 날아다녀야 할 큰군함조가 태풍에 휩쓸려 제주도까지 왔다가 탈진해서 갯바위에 앉았다.

몸집이 큰 반면 다리가 짧기 때문에 방바닥에 두면 불편할까 봐 접이식 사다리에 올려놓았다. 목부터 배 윗부분까지 흰색인 걸 보니 암컷이다.

몸집에 비해 발가락이 아주 작다. 큰군함조는 번식기가 아니면 땅에 내려오는 일이 거의 없기 때문이다.

날아오를 때는 맞바람이 필요하다.

면 혼자서도 잘 먹더라고요. 차츰 기운을 차린 큰군함조는 바깥 세상으로 나가려는 듯 방 안에서 계속 날개를 퍼덕이며 나는 연습을 했어요.

20일쯤 지나 완전히 기운을 찾은 큰군함조를 날려 보내려고 차에 태우고 근처 해수욕장으로 갔어요. 아줌마는 모래밭에 큰군함조를 내려놓았어요. 그런데 날갯짓을 하며 1m쯤 날다가 다시 모래밭으로 내려앉는 거예요.

'아직 회복되지 않았나?'

아줌마가 잡으려고 다가가자 큰군함조가 도망가려고 날개를 퍼덕였어요. 때마침 큰군함조를 향해 바람이 불었어요. 그러자 큰군함조가 바람을 타고 날아올랐어요. 큰군함조는 덩치가 커 땅에서 날아오를 때 맞바람이 필요했던 거예요.

큰군함조는 하늘 높이 날아올라 멀리 사라졌어요. 아줌마는 손을 흔들면서 큰군함조가 살던 곳으로 무사히 날아가기를 빌었어요.

그 밖의 비행을 잘하는 새들

귀제비

몸 길이 18~19cm
사는 곳 인가 근처
나타나는 때 여름

옆목과 허리가 붉다. 목에서 배까지 검은 반점이 세로로 줄지어 있다. 진흙과 짚으로 호리병 모양의 둥지를 짓는다. 날면서 곤충을 잡아먹는다.

갈색제비

몸 길이 12~13cm
사는 곳 논, 습지
나타나는 때 봄, 가을

우리 나라 제비들 중 가장 작다. 몸 윗면은 어두운 갈색이고, 아랫면은 흰색이다. 목과 가슴에 어두운 갈색 'T' 자 형 무늬가 있다. 논이나 습지의 풀이나 갈대 위를 날아다니며 곤충을 잡아먹는다.

바다제비

몸 길이 19~20cm
사는 곳 먼 바다
나타나는 때 여름

번식기를 제외한 시기를 먼 바다에서 생활한다. 몸빛이 어두운 갈색이다. 날개가 가늘고 길며, 꼬리는 약간 파였다. 물고기나 갑각류를 잡아먹는다.

갈색얼가니새

몸 길이 66~72cm
사는 곳 바다, 바닷가
나타나는 때 불규칙함

날개가 길고, 꼬리는 끝이 뾰족하며, 몸집이 크다. 부리는 두껍고 끝이 뾰족하며, 다리는 노란색을 띤다. 바다 위를 날며 물고기를 잡아먹는다.

개성이 강한
친구들만 모았어요
그 밖의 새들

큰오색딱다구리 • 쇠기러기 • 황로 • 쇠물닭 • 물총새 •
개개비사촌 • 찌르레기 • 그 밖의 개성 강한 새들

큰오색딱다구리
나는야, 나무 타기의 선수

'딱, 딱, 딱, 딱……'

고요한 숲 속에 딱다구리가 나무 쪼는 소리가 울렸어요. 그런데 도무지 어디서 나무를 쪼는지 찾을 수가 없었어요. 소리나는 곳을 따라가 봐도 죽은 나무에서 먹이를 찾은 흔적들만 보였죠.

하는 수 없이 숲으로 난 오솔길을 따라 내려오는데, 아줌마 앞으로 새 한 마리가 휙 지나갔어요. 파도 타기라도 하듯 날아가더니 근처 나무 줄기에 붙었지요. 수평으로 난 나뭇가지에 앉는 게 아니고, 수직으로 난 줄기에 붙은 거예요. 그러고 나서 나무를 이리저리 살피더니 쪼기 시작했어요.

'딱, 딱, 딱, 딱……'

등과 날개에 흰 반점이 퍼져 있고, 가슴에서 배를 가로지르는 검은 세로줄 무늬를 보니 큰오색딱다구리예요.

딱다구리가 나무 줄기에 붙어서 떨어지지 않는 건 발가락과 꼬리 때문이에요. 보통 새들은 앞으로 나온 발가락이 세 개고, 뒤에 작은 발가락이 하나 있어요. 그런데 딱다구리는 앞뒤로 발가락이 두 개씩 있고, 발톱이 길고 날카롭죠.

보통 새들은 나뭇가지에 앉으면 꼬리가 들리거나 몸과 수평을 이루는데, 딱다구리는 꼬리를 줄기에 딱 붙여요. 꼬리가 엄청 튼튼하기 때문에 몸을 잘 지탱해 주죠.

부리에 곤충 애벌레를 물고 둥지 주변을 살피고 있다.

큰오색딱다구리

몸 길이 28cm
사는 곳 숲
나타나는 때 1년 내내

꼬리를 나무 줄기에 대고 앉아 구멍을 판다.

큰오색딱다구리 둥지. 죽은 나무에 구멍을 파고 새끼들을 키운다. 이 구멍은 나중에 곤줄박이나 박새의 둥지로 재활용된다.

큰오색딱다구리가 썩은 고목에서 먹이를 찾으려고 나무 줄기를 온통 헤집어 놓았다.

탈진한 큰오색딱다구리를 데리고 다니며 보살펴 주었다. 차 안 여기저기를 돌아다니며 똥을 싸놓더니, 일주일쯤 지나 인사도 없이 열린 창문으로 날아가 버렸다.

나무를 쪼는 딱다구리에 대해 궁금한 점이 많을 거예요.

'딱딱한 나무를 쪼아 대면 부리가 부서지지 않을까?'

'머리에 충격은 없을까?'

'나무에 구멍을 팠다고는 해도 어떻게 그 구멍 속에 있는 먹이를 먹을 수 있을까?'

딱다구리의 부리는 아주 강해서 웬만한 충격에는 끄떡없죠. 부리로 나무를 칠 때 머리까지 충격이 가지 않도록 막아 주는 근육이 있고요. 또 가늘고 길게 늘어나는 혀를 구멍에 집어 넣어 먹이를 꺼내 먹어요.

딱다구리는 나무에 구멍을 파서 만든 둥지를 한 번 쓰고 이듬해에 다시 쓰지 않아요. 그 헌 둥지를 곤줄박이나 박새 등 다른 새들이 보금자리로 이용하죠. 나무 속에 사는 해충을 잡아먹기 때문에 숲을 건강하게 만들기도 해요. 딱다구리는 이렇게 숲을 건강하고 풍요롭게 만드는 구실을 한답니다.

쇠기러기
근무 중 이상 무!

'달~ 밝은 가을밤에 기러기들이 찬~ 서리 맞으면서 어디로들 가나요.'

아줌마가 초등학생 시절에 자주 부르던 노래예요. 기러기는 늦가을에 우리 나라에 와서 겨울을 지내는 철새입니다. 기러기들 중에서도 큰기러기와 쇠기러기가 우리 나라에 가장 많이 와요. 보통 수백 마리에서 수천 마리가 우리 나라에서 겨울을 지내죠.

큰기러기와 쇠기러기는 모습이 아주 비슷해요. 큰기러기는 이름에서 짐작할 수 있듯이 몸집이 크고, 부리 끝은 노란색이에요. 쇠기러기는 큰기러기에 비해 몸집이 작고, 이마에 흰 띠가 있어요. 배에는 검고 굵은 줄무늬가 있고요. 이제 헷갈리지 않겠죠?

쇠기러기들은 주로 논에서 겨울을 지낸답니다. 늦가을 벼 수확이 끝나면 논은 쇠기러기들의 차지가 돼요. 떨어진 낟알들은 쇠기러기들을 위해 차려진 밥상인 셈이죠. 수백 마리가 넘는 쇠기러기들이 논에 들어가면 논바닥이 보이지 않을 정도예요.

차를 타고 가다가 논에서 먹이를 먹는 쇠기러기를 보고 멀리 떨어진 곳에 차를 세웠어요. 쌍안경으로 살펴보니 먹이를 찾아 부지런히 땅 위를 뒤지고 있었죠. 그런데 무리 중에 한 마리는 먹이 찾을 생각도 않고 고개를 곧추세우고는 주변을 살피는 거예요.

'아! 저 녀석이 말로만 듣던 경계병이로구나.'

쇠기러기 어린 새. 어미는 배에 검은색 줄무늬가 선명한데 어린 새는 없다. 날 때 다리를 몸에 바싹 붙인다.

쇠기러기

몸 길이 65~76cm
사는 곳 저수지, 강, 농경지
나타나는 때 겨울

부리기부에 흰 띠가 있다. 땅에서 풀이나 낟알을 주워 먹는다.

쇠기러기는 무리지어 먹이를 찾아다니며, 위험이 닥치면 무리 중에 있는 경계병이 알린다.

어미 새는 이마에 흰 띠가 선명한데, 어린 새는 없거나 희미하다.

경계병이 위험 신호를 알렸는지 일제히 날아오른다. 꼬리에 흰 띠가 선명하다.

쇠기러기들은 무리지어 다니기 때문에 포식자들에게 쉬운 먹잇감이 돼요. 먹이를 찾아 먹을 때가 가장 위험한 순간이기도 하고요. 그래서 한 마리가 계속 경계를 하며 위험한 상황이 되면 다른 쇠기러기들에게 알려 도망갈 수 있도록 하는 거예요.

그 때 트랙터 한 대가 수확이 끝난 논으로 들어갔어요. 쇠기러기들이 일제히 날아오르더니 여러 무리로 흩어져 'V'자 형을 이루며 날아갔어요. 논으로 들어간 트랙터가 내년 농사를 위해 논을 갈아엎었어요. 쇠기러기는 땅 속에 묻힌 낟알을 먹지 못하는데……. 이렇게 먹이 먹을 장소가 사라지다 보면 쇠기러기들은 점점 겨울에도 우리 나라를 찾지 않을 거예요.

요즘은 농가에서 쇠기러기뿐만 아니라 논에서 먹이를 찾는 새들을 위해 '무논'을 만들어요. 무논은 수확한 벼 그루터기가 잠길 만큼 물을 채워 놓은 논을 말해요. 무논에서는 새들이 낟알을 다 먹고 뿌리를 먹을 때도 뿌리가 잘 뽑히죠. 우리 나라를 찾는 기러기들이 안심하고 먹이를 얻을 수 있도록 무논을 많이 만들었으면 좋겠어요.

황로
먹이 농사를 소에서 트랙터로 바꿨어요

　농부 아저씨들이 모내기 준비를 하기 위해 트랙터로 논을 갈고 있었어요. 그런데 수십 마리나 되는 새들이 트랙터 뒤를 졸졸 따라다니는 거예요. 무슨 새인가 하고 보니, 머리부터 가슴까지 주황색이고 나머지는 흰 황로예요.
　그 장면을 보자 친척 어른의 말씀이 떠올랐어요. 그 어른이 젊었을 때 소에 쟁기를 달아 논을 갈면 땅 속에 숨어 있던 미꾸라지가 밖으로 튀어나왔대요. 그러면 백로같이 생긴 새가 쟁기 뒤를 졸졸 따라다니며 튀어나온 미꾸라지를 넘름넘름 주워 먹었다죠? 요즘은 소 대신 트랙터로 논을 가니까 트랙터를 쫓아다니는 거예요. 그 어른이 백로같이 생겼다고 말씀하신 새가 바로 황로고요.
　농부 아저씨가 논을 다 갈고 트랙터에서 내렸어요. 그런데 황로들은 아저씨가 전혀 무섭지 않은지 도망갈 생각도 하지 않고 부지런히 먹이만 찾더라고요. 농부 아저씨가 논둑으로 나오기에 아줌마가 다가가 인사를 했어요.
　"새들이 아저씨를 무서워하지 않네요?"
　"그러게요. 몇 년째 봐서 그런지 가까이 가도 달아나지 않네요."
　아저씨는 사람 좋게 껄껄껄 웃으며 말씀하셨어요. 언제부터인가 트랙터로 논을 갈 때마다 이 녀석들이 나타나 졸졸 따라다니더래요. 농사에 피해를 주는 것도 아니고 해서 내버려 두었더니, 이제

황로는 겨울이 되면 머리와 가슴, 등의 주황색이 사라지고 하얘진다.

황로

몸 길이 46~52cm
사는 곳 풀밭, 논, 방목장
나타나는 때 여름

갈아엎은 논에서 땅 위로 나온 미꾸라지를 주워 먹으려고 돌아다니는 모습.

트랙터 주변에 황로들이 몰려들었다.

소 주변에는 날파리가 많기 때문에 황로들이 모인다.

황로들은 주로 무리를 지어 다닌다.

는 아저씨를 알아보는지 전혀 무서워하지도 않는다고 하시며 한마디 덧붙였어요.

"저 녀석들 때문에 농약도 치지 못하겠어요."

황로들이 먹는 미꾸라지가 사라질까 봐 논에 농약도 치지 않는 아저씨의 마음이 참 따뜻하게 느껴졌어요. 황로들도 아저씨 마음을 알까요? 아저씨 말씀을 듣고 아줌마는 농약을 치지 않는 논에 들어가 보고 싶었어요. 미꾸라지들이 흙 속으로 들어가려고 여기저기에서 꿈틀거리는 게 보였어요. 황로들에게는 그야말로 '황금 밥상'이죠.

아줌마도 새를 사랑하는 마음이 아저씨 못지않을 텐데, 황로들이 아줌마 마음도 알려나 하는 생각이 들었어요. 그래서 황로들에게 천천히 다가갔더니 황로들이 일제히 고개를 쳐들고 날개를 퍼덕이며 다른 곳으로 날아가더라고요. 새를 사랑하는 마음만이 아니라 새를 위한 행동도 따라야 새들이 알아 주나 봐요.

쇠물닭
대머리 아저씨를 닮은 새끼들

새들이 알을 품고 새끼를 먹이느라 바쁜 6월이었어요. 나들이 삼아 마을 근처에 있는 연못으로 갔어요. 버려진 연못을 잘 정비해서 아이들을 위한 생태 학습장과 주민들을 위한 휴식 공간으로 만든 곳이에요. 연못은 그리 크지 않지만 부들이며 갈대, 연꽃, 마름 등이 가득해요. 쇠백로와 중대백로, 왜가리 등이 물고기나 수서곤충을 잡아먹으러 오기도 하고, 갈대에 앉아 있던 물총새가 물 속으로 풍덩 뛰어들어 물고기를 잡는 장면도 볼 수 있어요.

연못을 한 바퀴 돌아본 뒤, 갈대 속에 혹시 개개비가 둥지를 틀었는지 살폈어요. 아줌마 키보다 큰 갈대는 바람이 불면 휘청거렸어요. 바람이 불 때마다 갈대 속이 아련히 보였는데, 둥지 같은 것은 없었어요. 개개비가 둥지를 틀었다면 시끄럽게 울어 댈 텐데 아주 조용했고요.

다시 부들이 자라는 곳으로 갔어요. 찬찬히 살피는데 부들 사이로 뭔가 움직이는 게 보였어요. 아줌마가 오래 거기에 서 있으니까 놀라서 달아나는 것 같았죠. 바람이 불어 부들이 살짝 옆으로 움직이자 어렴풋이 둥지가 보였어요. 물 위에 부들 잎을 엮어 둥지를 만들었더라고요. 둥지 속에는 분홍빛이 돌고 군데군데 반점이 있는 알이 다섯 개 있었어요. 어미가 알을 품다가 놀라서 달아났을 거예요. 쇠물닭에게 미안해서 멀찍이 떨어져 살폈어요. 그랬더니

발가락이 길어서 물풀 위를 걸어다니기 편하다.

쇠물닭

몸 길이 30~35cm
사는 곳 습지, 논
나타나는 때 1년 내내

물풀 잎으로 엮어 만든 둥지에 연분홍빛 바탕에 자주색 반점이 흩어진 알을 5~10개 낳는다.

새끼는 솜털이 난 채로 알에서 깨며, 솜털이 마르면 어미를 따라 둥지를 떠나 먹이를 받아 먹는다.

어미는 새끼들을 데리고 다니며 곤충이나 씨앗 등 자연에서 먹이를 찾는 법을 가르친다.

검던 몸이 어두운 갈색으로 털갈이를 하며 새끼는 어미를 떠나 혼자 살아간다. 어린 새도 움직일 때 꼬리를 까딱거린다.

어미 새가 꼬리를 까딱거리며 부들 속으로 들어갔어요.

　며칠 뒤 다시 연못을 찾았어요. 사람들이 많이 다니는 곳이라 혹시 부화에 실패하지 않았는지 걱정됐거든요. 산책로를 걷는 사람들은 부들 속에 있는 둥지를 보지 못하고 그냥 지나갔어요. 아줌마는 아무도 없을 때 부들을 살짝 젖히고 둥지를 찾아보았어요. 아무것도 없더라고요.

　그 때 갈대 속에서 소리가 들렸어요. 소리나는 쪽을 보니 쇠물닭 새끼가 갈대를 향해 부지런히 헤엄쳐 가는 게 보였어요. 어미가 새끼를 부르는 모양이에요. 새끼는 온몸이 까만 솜털로 덮였고, 부리에 붉은색과 노란색이 섞였어요. 머리는 훌러덩 벗겨진 듯 보였는데, 그 모습이 어찌나 우스운지 웃음이 나와 혼났어요. 어쨌든 새끼가 알에서 무사히 깨어난 걸 확인했으니 다행이죠.

물총새
물총으로 물고기를 낚을까요?

 물가를 천천히 걷는데, 옆에 있는 흙벽에 못 보던 구멍이 눈에 띄었어요. 지름이 5cm도 안 되는 구멍인데, 깊고 어두워서 아무것도 보이지 않았죠. 쥐구멍이라고 하기에는 너무 높은 곳이었어요.
 '누가 팠을까?'
 궁금해서 기다려 볼까 어쩔까 망설이는데, 구멍에서 물총새가 튀어나왔어요. 물총새가 둥지를 마련하느라 구멍을 판 거예요.
 구멍에서 나온 물총새는 물가에 있는 갈대 줄기에 앉았어요. 물고기를 사냥하려는 것 같아 멀찍이 떨어져서 관찰했죠. 한동안 꼼짝하지 않고 물 속을 노려보던 물총새가 갑자기 풍덩 하고 물 속으로 들어갔어요. 물방울이 튀는가 싶더니 물총새가 물 밖으로 나와 가까운 나뭇가지에 앉았어요. 어느 새 부리에 물고기를 물고요. 물총새는 팔딱거리는 물고기를 나뭇가지에 쳐서 기절시키더니 머리부터 한입에 꿀꺽 삼켰어요.
 나뭇가지에서 잠시 쉬던 물총새는 다시 물 위로 날아갔어요. 이번에는 정지 비행을 하며 물 위를 쳐다보다가, 또다시 풍덩 물 속으로 들어가더니 여지없이 물고기를 물고 나왔어요. 정말 대단한 낚시꾼이죠? 그런데 배가 부른지 나뭇가지에 앉아 깃털을 다듬다가 갑자기 부리를 벌리고 무엇인가 뱉어 내려는 듯 안간힘을 썼어요. 잠시 후 목에서 뭔가 툭 하고 땅 위로 떨어졌어요. 물총새가 떠

바위에 앉아 물 속에 있는 먹이를 살피는 모습.

물총새

몸 길이 17cm
사는 곳 물가, 개울
나타나는 때 1년 내내

하늘에 맹금류가 나타나면 잡아먹히지 않기 위해 바위에서 가만히 있는다.

흙벽에 구멍을 파고 둥지를 만들었다. 깊이는 1m 정도로 꽤 깊다.

나뭇가지에 앉아 부리를 벌리고 더위를 식힌다.

물총새가 큰 물고기를 잡았다. 물고기가 늘어진 것을 보니 바위에 쳐서 기절시켰나 보다.

나기를 기다렸다가 녀석이 앉아 있던 나무 아래로 갔어요. 땅 위에 떨어진 타원형 덩어리를 자세히 살펴보니 물고기 뼈와 비늘이 있었어요. 소화가 되지 않는 뼈와 비늘을 뱉어 내는 것을 '펠렛'이라고 해요.

한 달 정도 지나서 구멍이 있던 흙벽으로 가 보았어요. 가는 도중에 물가 바위에 앉은 새끼 물총새를 보았죠. 벌써 둥지를 나와 어미를 따라다니는 모양이에요. 흙벽에 도착해 손전등을 구멍 속으로 비춰 보고 아무것도 없는지 확인했어요. 주변에 있던 나뭇가지를 구멍 속에 넣어 보니 깊이가 1m 가까이 되는 것 같았어요. 구멍 속에 넣었던 나뭇가지를 꺼내 냄새를 맡아 보았어요. 비릿하고 퀴퀴한 냄새가 나더라고요.

물총새 새끼들은 구멍 속에서 똥도 싸고, 어미가 펠렛도 치우지 않는다고 해요. 그런 환경에서 새끼가 자라다니 정말 대단하다는 생각이 들어요. 이듬해에도 이 흙벽에 물총새가 새로운 둥지를 파겠죠?

개개비사촌
실패해도 또 낳으면 돼요

귀리나 기장은 이제 우리 나라에서 거의 재배하지 않는 밭작물이에요. 그런데 오랜만에 기장 밭을 봤어요. 무척 반가웠죠. 아줌마 무릎 높이까지 자란 기장은 벌써 씨앗이 맺혔더라고요.

그 때 개개비사촌 한 마리가 '첵첵' 소리를 내며 기장 밭 위를 날아다니고, 다른 한 마리는 기장 줄기에 앉아 있는 게 보였어요. 두 마리의 분위기가 심상치 않았죠.

하늘을 날던 녀석이 가까이 다가가자 기장 줄기에 앉은 개개비사촌이 꼬리를 살짝 들었어요. 그러자 하늘을 날던 녀석이 쏜살같이 달려들어 꼬리와 꼬리가 부딪혔어요. 부딪힌 충격으로 기장에 앉았던 녀석은 앞으로 고꾸라지고, 다른 녀석은 다시 하늘로 날아올랐어요. 기장에 앉아 꼬리를 살짝 든 것은 암컷이고, 하늘을 날아다니는 것은 수컷일 거예요. 방금 짝짓기를 한 거죠. 순식간에 일어난 일이라 아줌마도 어안이 벙벙했어요.

한참 뒤에 개개비사촌 한 마리가 부리에 솜털을 물고 기장 밭 속으로 들어가는 게 보였어요. 둥지에 알자리를 만드느라 그러는 거겠죠. 개개비사촌이 기장 밭에 둥지를 튼 게 분명했어요.

개개비사촌은 기장 잎처럼 가느다란 잎사귀를 거미줄로 붙여서 둥지를 지어요. 입구는 옆쪽에 있고, 알자리에는 솜털이나 새의 부드러운 깃털을 깔죠. 보통 손톱만 한 알을 6~8개 낳는데, 하루에

짝짓기를 위해 기장 줄기에 앉아 수컷을 기다리는 모습.

개개비사촌

몸 길이 12~14cm
사는 곳 풀밭
나타나는 때 1년 내내

가늘고 긴 풀 사이에 거미줄과 솜털을 이용해 둥지를 만든다. 둥지 입구는 옆쪽에 있다.

어린 새는 어미 새와 깃 색깔은 거의 비슷하지만, 먹이를 찾거나 풀 줄기에 앉을 때 동작이 서툴다.

마른 풀 꼭대기 가는 가지에 앉은 걸 보니 몸이 아주 가벼운가 보다.

한 알씩 낳고 알을 다 낳을 때까지 품지 않는답니다.

며칠 뒤 개개비사촌이 둥지를 튼 기장 밭을 지나가는데, 기장이 모두 사라진 거예요.

'수확을 하기엔 아직 이른데 어찌된 일이지?'

밭 가까이 가보니 기장 밭을 갈아엎었더라고요. 기장을 수확하기 위해서가 아니라 밭에 거름으로 쓰려고 심었나 봐요.

개개비사촌이 한창 알을 품고 있을 시기인데, 둥지가 완전히 망가졌을 거예요. 예쁜 새끼들이 태어나지 못한 것이 마음 아팠죠. 하지만 부화하는 데 실패해도 개개비사촌 수는 별로 줄어들지 않아요. 개개비사촌은 다른 곳에 가서 다시 둥지를 만들거든요. 그래서 7월 땡볕에 알을 품는 개개비사촌이 많이 보인답니다.

찌르레기
연통에서 연기가 나는 게 나 때문이야, 그런 거야?

　장마철이 거의 끝나갈 무렵, 지나는 길에 아는 분이 운영하는 '생태 문화 체험골'에 들렀어요. 폐교를 고쳐서 만든 체험 학습장인데 장마철이라 그런지 운동장은 텅 비었고, 주인 아저씨도 어디 가셨는지 보이지 않았어요.

　그런데 잠자는 곳 뒤편에서 연기가 나는 거예요. 불이 났나 싶어 얼른 가 봤죠. 주인 아저씨가 사다리를 타고 올라가 연기 나는 연통을 뜯고 있었어요. 장마철이라 방이 너무 눅눅해서 방을 말리려고 보일러를 틀었대요. 그런데 보일러가 자꾸 꺼져서 나와 보니 연통에서 연기가 나더래요.

　아저씨가 연통을 뜯어 땅바닥에 던졌어요. 뜯어 낸 연통을 들여다보니 속이 꽉 막혔어요. 긴 막대기를 가지고 속에 있는 것을 꺼내 보니 시꺼멓게 그을린 마른 풀, 지푸라기, 진흙 등이 엉켜 있는 거예요. 그리고 그 속에 어른 손톱보다 약간 커 보이는 타원형 알이 있었어요. 새가 연통에 둥지를 틀어 보일러가 자꾸 꺼진 거예요.

　여름에는 보일러를 틀지 않기 때문에 안전하다고 생각해서 거기다 둥지를 틀었나 봐요. 그런데 보일러를 틀어서 뜨거운 연기가 둥지를 덮쳤으니, 어미 새는 둥지를 포기할 수밖에 없었겠죠.

　주인 아저씨에게 무슨 새가 주변에 자주 나타났냐고 물었더니 잘 모르겠다고 하시더라고요. 그래서 둥지 재료를 다시 살펴봤어요.

겨울에는 주로 나무 열매를 따 먹는다.
노랗게 익은 멀구슬나무의 열매를 맛있게 먹는 모습.

찌르레기

몸 길이 24cm
사는 곳 인가 근처, 농경지
나타나는 때 여름, 겨울

어미가 새끼들에게 줄 먹이를 물고 둥지 주변을 살핀다. 새끼에게는 영양가 높은 곤충을 잡아다 먹인다.

번식기가 끝나면 찌르레기들은 무리지어 먹이를 찾고 쉬기도 한다.

창고 처마에 찌르레기와 참새, 붉은부리찌르레기가 둥지를 틀었다. 참새와 찌르레기, 붉은부리찌르레기가 지붕에서 둥지가 안전한지 살피고 있다.

'구멍에 둥지를 틀고, 마른 풀이나 진흙으로 둥지를 짓는다.'
찌르레기일 가능성이 가장 높아 아저씨한테 물어봤죠.
"혹시 주변에서 '찌르찌르' 하는 소리 들어 보셨어요?"
아저씨가 고개를 끄떡끄떡하셨어요. 맞아요. 찌르레기가 보일러 연통에 둥지를 튼 거예요.

찌르레기는 부리가 주황색이고, 얼굴과 허리가 흰색이에요. 몸의 나머지 부분은 어두워 보이죠. 보통 '찌르찌르' 하고 울기 때문에 찌르레기라는 이름이 붙었어요. 둥지는 자연적으로 생긴 나뭇구멍이나 딱다구리의 헌 둥지, 도로 이정표에 난 구멍, 연통 같은 데 틀어요.

찌르레기는 여름에 번식을 하러 우리 나라에 찾아오기도 하지만, 겨울에도 보인답니다. 여름에는 번식을 위해 암수 한 쌍씩 다니다가, 겨울이 되면 수백 마리가 무리지어 먹이를 찾아다니거나 전깃줄에 앉아 쉬어요. 전깃줄에 앉아 '찌르찌르' 하고 울어 대며, 소화가 안 된 씨앗을 뱉기도 한답니다.

그 밖의 개성 강한 새들

긴발톱할미새

몸 길이 16~17cm
사는 곳 물가의 풀밭, 논
나타나는 때 봄, 가을

몸이 날씬하고 꼬리가 길다. 몸 윗면은 노란빛이 도는 회색이고, 아랫면은 노란색이다. 노란 눈썹선이 뚜렷하며, 부리와 다리는 검다. 풀이나 밭작물 위에서 작은 곤충을 잡아먹는다.

노랑할미새

몸 길이 20cm
사는 곳 얕은 개울
나타나는 때 1년 내내

머리와 등은 어두운 회색이고, 날개는 검은색, 눈썹선과 턱선은 흰색이며, 다리는 분홍색이다. 얕은 물가에서 꼬리를 까닥거리며 돌아다닌다. 곤충이나 갑각류를 잡아먹는다.

알락할미새

몸 길이 18~20cm
사는 곳 개울, 농경지
나타나는 때 여름

얼굴이 희고, 눈선이 없다. 수컷은 뒷머리와 등, 가슴이 검지만, 암컷은 회색이다. 물 표면이나 풀 위에 앉아 있는 곤충을 잡아먹거나, 날아다니는 곤충을 뛰어올라 잡기도 한다.

백할미새

몸 길이 19~21cm
사는 곳 물가, 인가, 농경지
나타나는 때 겨울

흰 얼굴에 가늘고 검은 눈선이 있다. 수컷은 머리꼭대기부터 등과 가슴까지 검지만, 암컷은 회색이다. 땅 위에서 주로 먹이를 잡고, 날아오르는 곤충을 잡기도 한다.

밭종다리

몸 길이 16cm
사는 곳 농경지, 논
나타나는 때 봄, 가을, 겨울

몸 윗면이 어두운 갈색이고, 아랫면은 흰 바탕에 검은 반점이 세로로 줄지어 있다. 눈썹선이 선명하지 않다. 땅 위를 걸어다니며 씨앗을 찾아 먹는다. 겨울에는 먹이를 찾아 떼로 날아다니기도 한다.

검은딱새

몸 길이 13cm
사는 곳 농경지, 덤불
나타나는 때 봄~가을

수컷은 머리와 등, 날개, 꼬리가 검고, 가슴이 주황색이며, 허리와 날개의 흰 반점이 뚜렷하다. 암컷은 머리와 날개가 어두운 갈색이다. 풀이나 덤불에서 작은 곤충을 잡아먹는다.

그 밖의 개성 강한 새들

개똥지빠귀

몸 길이 23~24cm
사는 곳 숲, 농경지
나타나는 때 겨울

흰 눈썹선이 뚜렷하며, 몸 아랫면의 검은 반점이 눈에 띤다. 날개는 붉은빛이 도는 갈색이다. 나무 열매를 주로 먹으며, 무리지어 다닌다.

솔딱새

몸 길이 13~14cm
사는 곳 탁 트인 숲
나타나는 때 봄, 가을

몸 윗면은 갈색이 강한 회색이며, 가슴과 옆구리는 짙은 회갈색, 목과 배는 흰색이다. 나뭇가지에 앉았다가 날아다니는 곤충이 보이면 잽싸게 날아올라 낚아챈다.

쇠솔딱새

몸 길이 13cm
사는 곳 숲
나타나는 때 봄~가을

가슴과 옆구리가 밝은 회색이라 솔딱새와 구별된다. 아랫부리의 황갈색 부분이 넓다. 날아가는 곤충을 낚아채서 제자리로 돌아와 먹는다.

제비딱새

몸 길이 14~15cm
사는 곳 숲
나타나는 때 봄, 가을

가슴과 배에 회갈색 반점이 세로로 줄지어 있어 다른 솔딱새들과 구별된다. 눈테가 희고, 눈앞이 솔딱새보다 뚜렷하다. 날아다니는 곤충을 부리로 잡을 때 '딱' 소리가 난다.

오목눈이

몸 길이 14cm
사는 곳 숲
나타나는 때 1년 내내

몸이 작고 둥그스름하며, 부리가 짧고, 꼬리는 길다. 눈썹선과 뒷목, 날개, 꼬리가 검은색이며, 꼬리 가장자리는 희다. 나무 사이를 활발히 날아다니며 거미나 곤충을 잡아먹는다.

붉은머리오목눈이

몸 길이 13cm
사는 곳 관목, 덤불
나타나는 때 1년 내내

몸빛은 밝은 갈색이다. 부리가 아주 짧고 두꺼우며, 꼬리는 길다. 관목이나 풀숲, 덤불 속에 둥지를 만들며, 뻐꾸기의 탁란 둥지로 이용된다. 관목이나 덤불 사이를 돌아다니며 거미나 곤충을 잡아먹는다.

그 밖의 개성 강한 새들

곤줄박이

몸 길이 14cm
사는 곳 숲
나타나는 때 1년 내내

뒷머리와 턱, 앞목이 검다. 이마와 뺨은 연노란색, 배는 갈색이다. 둥지는 나뭇구멍이나 딱다구리의 헌 둥지를 이용한다. 나무 사이를 옮겨 다니며 곤충이나 나무 열매를 찾아 먹는다.

쇠박새

몸 길이 12~13cm
사는 곳 숲, 공원
나타나는 때 1년 내내

머리와 턱은 검은색, 등과 날개, 꼬리는 회색이며, 나머지 부분은 회색이 도는 흰색이다. 여름에는 곤충이나 거미를 잡아먹고, 겨울에는 씨앗이나 열매를 먹는다.

진박새

몸 길이 11cm
사는 곳 침엽수림, 숲
나타나는 때 1년 내내

머리와 턱과 목은 검은색이며, 뺨은 희다. 뒷머리에 작은 뿔깃이 있다. 날개와 등, 허리, 꼬리는 짙은 회색이다. 소나무나 삼나무 등 침엽수를 좋아하며, 작은 곤충을 잡아먹는다.

밀화부리

몸 길이 18~19cm
사는 곳 숲, 정원
나타나는 때 여름

두꺼운 부리는 주황빛이 도는 노란색이며, 끝이 검다. 수컷은 머리와 날개, 꼬리가 검은색, 옆구리는 주황색이며, 날개에 흰 반점이 있다. 암컷은 머리에 검은 부분이 없고, 몸빛이 갈색을 띤다. 나뭇가지에서 먹이를 찾지만 땅에 떨어진 열매를 주워 먹기도 한다.

쇠찌르레기

몸 길이 19cm
사는 곳 인가 근처, 공원
나타나는 때 여름

찌르레기들 중 가장 작다. 수컷은 옆목과 뺨에 적갈색 반점이 있다. 암컷은 몸 윗면이 갈색을 띠며, 부리가 검다. 거미나 곤충, 열매를 주로 먹는다.

다음에 또 볼 수 있을까?
멸종위기새들

황새・가창오리・재두루미・흑두루미・넓적부리도요・
팔색조・두견이・저어새・삼광조・사라져 가는 새들・그 밖의 멸종위기새들

황새
옛날에는 논에서 아주 흔하게 살았답니다

바닷가에 망원경을 설치하고 새를 관찰했어요. 바닷가에는 흰뺨검둥오리, 청둥오리, 재갈매기, 민물도요 등이 부지런히 먹이를 찾고 있었죠. 그런데 하늘에서 커다란 새가 날아와 갯바위에 앉는 게 보였어요.

'저게 무슨 새지? 크고 흰색과 검은색이 섞여 있네. 설마 황새는 아니겠지?'

갯바위에 앉아 있던 그 커다란 새가 물 빠진 바닷가를 성큼성큼 걸으며 먹이를 찾아다녔어요. 아줌마는 눈을 의심하지 않을 수 없었죠. 정말로 황새였거든요.

황새는 큰 부리를 물 속에 넣고 먹이를 잡아먹었어요. 물론 바다에 사는 물고기죠. 물고기 사냥을 제법 잘하더라고요.

그런데 지나가던 사람들이 아줌마 곁에 자꾸 모여들었어요. 아줌마는 황새를 관찰하느라 정신이 없는데, 사람들은 아줌마가 망원경으로 바다를 보는 게 궁금했나 봐요.

"뭐 하시는 거예요? 뭐가 보이나요?"

그 때 지나가던 차가 모여든 사람들에게 길을 비키라고 경음기를 '빵' 울렸어요. 아줌마와 모여 있던 사람들도 놀랐지만, 황새도 놀랐는지 하늘로 날아올랐어요. 아줌마는 망원경을 챙겨 들고 황새를 쫓아갔어요.

번식기가 되어 눈 앞이 붉게 변한 모습.

황새 (천연기념물 199호, 멸종위기야생동물 Ⅰ급)

몸 길이 110~115cm
사는 곳 강 하구, 개울, 농경지
나타나는 때 겨울

물고기를 잡으려고 부리로 물을 콕콕 찍는다.

황새가 소나무에 앉았다. 속담에는 '황새가 소나무에 앉으면 비가 온다'고 했는데, 그 날도 그 다음 날도 비는 오지 않았다.

바람이 부는데도 큰 부리로 깃털을 다듬는다.

커다란 날개를 펴고 하늘을 나는 모습이 멋지다.

그 근처에서 황새가 갈 만한 곳은 몇 군데 되지 않아요. 부들이 자라는 습지나 수확이 끝난 논, 아니면 저수지죠. 저수지는 높은 둑으로 둘러싸여 밖에서는 안쪽을 볼 수 없어요. 황새가 피난처로 삼기에 안성맞춤인 곳이죠. 아줌마가 예상한 대로 저수지에 황새가 있었어요. 그 곳에서 황새의 우아한 자태를 관찰했죠.

그 날 이후 겨우내 황새를 관찰했어요. 한번은 소나무 꼭대기에 앉아 있는 걸 봤어요. '황새가 소나무에 앉으면 비가 온다'는 옛말이 생각나서 하늘을 봤는데, 비가 올 날씨는 아니더라고요. 옛날에는 황새가 얼마나 흔했으면 그런 말이 다 있었을까요? 지금은 1년에 한 번 보기도 힘든데 말이죠.

옛날 우리 나라 논에는 황새가 아주 흔했어요. 겨울에만 보인 것이 아니라 1년 내내 볼 수 있고 번식도 했죠. 그러다가 논에 농약을 많이 쳐 먹이가 사라지면서 황새도 하나 둘 사라졌어요. 오늘날 황새는 세계적으로 멸종 위기에 처해 보호를 받아요. 이러다가 황새가 지구에서 사라지면 어쩌죠?

가창오리
우리의 춤을 세계에서 보러 온다죠?

추운 겨울날, 해가 뉘엿뉘엿 질 무렵이었어요. 수만 마리는 되어 보이는 새 떼가 일제히 날아올라 노을이 붉게 깔린 하늘을 수놓으며 무리지어 춤을 추듯 날았어요. 그 광경을 보려고 추위를 참고 기다리던 사람들은 계속 탄성을 터뜨렸어요. 아줌마도 입을 다물지 못했지요.

노을빛이 점점 희미해지며 어둠이 깔릴 무렵, 새 떼는 저수지를 춤추듯 날다가 먹이를 찾기 위해 논으로 향했어요. 그 논이 아줌마가 서 있는 곳 너머에 있는지 수만 마리가 한꺼번에 아줌마 머리 위로 날아갔어요. 지금까지 새를 보러 다녔지만 그렇게 황홀한 광경은 처음이었죠.

겨울 하늘에서 황홀한 광경을 연출하는 새가 바로 가창오리예요. 전세계에 있는 가창오리들이 대부분 우리 나라에서 겨울을 지내죠. 우리 나라에 찾아오는 가창오리는 보통은 20만 마리 안팎인데, 많을 때는 40만 마리나 오기도 해요.

가창오리는 오리 중에서 몸집이 작은 편이에요. 수컷은 얼굴이 특이해서 노란색과 녹색, 검은색이 바람개비 모양을 이뤄요. 길게 늘어진 어깨깃이 독특하죠. 암컷은 전체적으로 갈색을 띠고, 눈 앞쪽 부리 가까이에 작은 흰색 반점이 있어요.

가창오리는 세계적으로 보호가 필요한 종이에요. 40만 마리가

수컷의 얼굴 무늬는 노란색과 녹색, 검은색이 소용돌이치는 듯하다.

가창오리 (멸종위기야생동물 Ⅱ급)

몸 길이 39~43cm
사는 곳 간척지, 강, 저수지
나타나는 때 겨울

우리 나라에서는 수십만 마리가 무리지어 겨울을 지낸다. 저녁때 먹이를 찾아 논으로 떼지어 날아가는 모습은 세계에서 알아줄 정도로 장관이다.

낮에는 겨울 바람을 피해 저수지에서 수만 마리가 떼지어 쉰다. 멀리서 보면 저수지에 섬이 있는 것 같다.

저녁이 되면 먹이를 찾기 위해 일제히 날아올라 논으로 이동한다.

논에서 주로 낟알을 주워 먹는다. 가창오리가 겨울을 무사히 나려면 낟알이 떨어진 논이 많아야 하는데 논이 점점 줄어들어 걱정이다.

넘는데 무슨 소리냐고 생각할 수도 있어요. 그렇지만 가창오리는 무리지어 생활하기 때문에 전염병이 돌거나 먹이가 부족하면 한꺼번에 죽어 멸종될 수 있거든요. 그래서 우리가 더욱더 관심을 기울여야 해요.

해마다 겨울이 되면 천수만이나 금강 하구 등지에서 가창오리들이 먹이를 찾아 떼지어 날아가는 것을 보기 위해 전세계에서 많은 사람들이 우리 나라를 찾아온답니다.

재두루미
가족과 함께 겨울을 지내요

　철원은 궁예가 후고구려를 세우고 도읍지로 삼은 곳이에요. 그곳에는 한 나라의 도읍을 둘 만큼 비옥하고 넓은 철원 평야가 있어요. 지금은 비무장 지대와 민간인 통제 구역으로 지정되어 아무나 자유롭게 들어갈 수 없지요. 농사짓는 기간에만 허가를 받은 사람들이 벼농사를 짓기 위해 들어갈 수 있답니다. 그렇기 때문에 다른 곳에서는 볼 수 없는 희귀한 새들이 많아요. 아줌마는 새를 연구하고 보호하는 사람들과 함께 철원 평야에 갈 기회가 있었죠.

　논 하나에 20마리가 넘는 재두루미들이 모여 먹이를 먹는데, 자세히 살펴보니 3~4마리씩 무리를 지었어요. 그 무리가 바로 가족이에요. 재두루미는 암컷과 수컷, 그 해에 태어난 어린 새 1~2마리가 가족을 이뤄 겨울을 지내거든요. 어미 새는 뒷머리와 턱, 뒷목이 흰색인데, 어린 새는 연한 갈색을 띠어요.

　재두루미가 50~60마리 모여 있는 것도 보았어요. 그런데 가족처럼 삼삼오오 무리지어 다니지는 않았어요. 그 무리는 태어난 지 1년 이상 되었지만 아직 번식을 하지 않은 재두루미들이에요. 또래 문화를 즐기며 같이 어울리는 청소년처럼 청소년기에 해당하는 재두루미들이 무리를 이룬 거예요. 그래서 '청소년 무리'라고 부른답니다.

　그런데 철원 평야도 요즘은 예전 같지 않다고 하네요. 쌀값이 떨

수확이 끝난 논에서 낟알을 주워 먹으며 겨울을 지낸다.

재두루미 (천연기념물 203호, 멸종위기야생동물 Ⅱ급)

몸 길이 120~135cm
사는 곳 농경지, 습지
나타나는 때 봄, 가을, 겨울

재두루미들이 가을걷이가 끝난 논에서 떨어진 낟알을 주워 먹는다.

몇 마리가 위험에 대비해 경계를 한다.

논이 밭으로 바뀌고 비닐하우스가 많이 생기면서 재두루미들이 먹이를 구할 곳이 점점 줄어든다.

어지면서 농사를 포기하는 논이 많아지고, 벼를 수확한 뒤 논을 갈아엎는 바람에 새들의 먹이가 점점 부족하거든요. 그리고 들쭉날쭉 높이가 제각각이던 논이 평평하게 농지 정리가 되면서 두루미들이 먹이 활동을 하지 않는대요. 논 높이가 제각각일 때는 낮은 논 속에 들어가면 몸을 숨기고 먹이 활동을 할 수 있는데, 앞뒤가 트이니 숨을 곳이 없어진 셈이죠. 예전에는 수로에 미꾸라지가 살아 그것을 잡아먹었는데, 요즘은 시멘트로 깨끗하게 포장해서 그럴 수도 없고요.

재두루미는 전 세계적으로 수가 많지 않기 때문에 멸종위기종으로 지정해 보호하고 있어요. 우리 나라에서도 천연기념물 203호로 지정했고요. 재두루미가 사는 서식지까지 보호해야 멸종을 막을 수 있을 거예요.

흑두루미
고향에 가다가 잠시 들렀어요

"뚜루루 뚜루루……."

이상한 소리에 깨어 창문을 열어 봤어요. 3월 새벽 공기가 무척 차가웠죠. 비가 부슬부슬 내리는데 어슴푸레하게 새벽이 밝아 왔어요. 두꺼운 옷을 챙겨 입고 바깥으로 나갔죠. 세상에! 흑두루미가 아줌마 집 위를 빙빙 도는 거예요. 그러다가 인기척을 느꼈는지 다른 곳으로 날아갔어요.

흑두루미들이 날아가다가 비를 만나 잠시 내려앉을 곳을 찾는 게 분명했어요. 아줌마 집 주변을 돌며 앉아 쉴 곳을 찾다가 다른 데로 날아간 거지요. 그렇다면 이 흑두루미들은 비가 그칠 때까지 어딘가에 내려앉아 쉴 게 틀림없어요.

흑두루미들이 쉴 만한 장소가 어디일까 생각하며 조급한 마음에 쌍안경만 들고 나왔어요. 흑두루미들은 사람이 별로 없고 주변이 확 트여 적들이 접근하는 것을 잘 볼 수 있는 곳에 내려앉거든요.

흑두루미들이 사라진 방향을 어림잡아 뒤쫓기 시작했어요. 집 근처에서 흑두루미가 내려앉을 만한 곳을 차례차례 찾아다녔어요. 풀밭이 넓게 펼쳐진 목장에도 가 보고, 논과 저수지, 해수욕장에도 가 봤어요. 모두 허탕이었죠.

마침내 밭이 넓게 펼쳐진 곳에서 흑두루미들을 찾았어요. 시커먼 흙이 드러난 밭에 시커먼 흑두루미들이 흰 목을 드러내고 서 있어

흑두루미들이 무리지어 이동하는 모습이 장관이다.

흑두루미 (천연기념물 228호, 멸종위기야생동물 Ⅱ급)

몸 길이 95~100cm
사는 곳 농경지, 개울
나타나는 때 봄, 가을, 겨울

흑두루미들이 무리지어 번식지로 가던 중 날씨가 나빠서 잠시 밭에 내려앉았다.

흑두루미들은 먼 거리를 이동할 때 상승 기류를 이용한다. 상승 기류를 타면 날갯짓을 하지 않고도 멀리 갈 수 있다.

6월 어느 날, 무리에서 떨어진 흑두루미 어린 새 한 마리가 나타났다. 보리 수확이 끝난 밭에서 낟알을 주워 먹기도 하고, 얕은 물에서 미꾸라지도 잡아먹으며 한 달을 지내다 어디론가 날아갔다.

흑두루미가 찾아오는 습지에 건물을 짓기 위해 공사를 하고 있다.

처음엔 헷갈렸죠. 쌍안경으로 보니 그 밭에 흑두루미들이 빽빽이 앉아 쉬고 있어요. 흑두루미들은 고개를 쳐들어 주변을 살피기도 하고, 갈아엎은 흙 위에서 무엇인가를 찾아 먹기도 했어요.

어느덧 비가 그치고 햇빛이 났어요. 시간이 지나면서 기온이 조금씩 올라가자 흑두루미들이 상승 기류를 타고 하늘 높이 날아올랐어요. 흑두루미들은 상승 기류를 타면 날갯짓을 하지 않고도 멀리까지 이동할 수 있어요. 그래서 먼 거리를 이동할 때는 날씨가 좋은 날을 택해서 상승 기류를 탄답니다.

이 흑두루미들이 번식지로 가려고 출발할 때는 날씨가 좋아서 상승 기류를 탔을 거예요. 그러다 갑자기 날씨가 나빠지자 힘들어서 잠시 쉬어 가려고 내려앉았겠지요. 덕분에 아줌마는 새벽잠을 설쳤지만, 아주 멋진 경험을 했어요.

넓적부리도요
부리 끝이 숟가락을 닮았어요

바닷가 갯벌에 망원경을 설치하고 새들을 관찰했어요. 가을이라 그런지 봄처럼 도요새와 물떼새가 많지 않았어요. 열 마리 남짓 되는 좀도요가 짧은 부리로 모래톱을 콕콕 찍으며 먹이를 찾는 모습이 보였죠.

그런데 한 녀석이 이상한 행동을 하는 게 눈에 띄었어요. 다른 좀도요처럼 모래톱을 콕콕 찍는 게 아니라 부리로 모래를 미는 거예요. 크기나 깃털 색깔, 다리 색이 좀도요랑 비슷해서 녀석의 행동이 더욱 이상하게 느껴졌죠.

부리를 확인하고 싶은데 모래를 미느라 고개를 들지 않았어요. 할 수 없이 고개를 들 때까지 망원경에서 눈을 떼지도 못하고 기다렸죠. 한참 동안 모래를 밀던 녀석이 드디어 고개를 들었어요. 부리 끝이 숟가락처럼 넓적한 걸 보니 넓적부리도요예요.

넓적부리도요는 주로 좀도요 무리에 섞여 관찰되기 때문에 좀도요로 잘못 알고 그냥 지나치는 때가 많아요. 보통은 수백 마리에서 수천 마리나 되는 좀도요 무리 중에 한두 마리가 끼어 있는데, 열 마리 남짓한 좀도요 무리에 넓적부리도요 한 마리가 낀 거예요.

넓적부리도요는 여름에 시베리아 북동부에서 번식을 하고, 겨울은 따뜻한 태국, 베트남 등지에서 지내요. 우리 나라에는 봄과 가을에 잠시 들러 영양을 보충하고 쉬어 가는 나그네새죠. 다른 도요

부리 끝이 주걱처럼 생겼다.

넓적부리도요 (멸종위기야생동물 Ⅰ급)

몸 길이 14~15cm
사는 곳 갯벌, 강 하구
나타나는 때 봄, 가을

넓적부리도요는 부리가 넓적해서 좀도요들처럼 콕콕 찍으며 먹이를 찾는 것이 아니라 부리를 밀면서 먹이를 찾는다.

해초들이 밀려온 바닷가에서 부리로 물 표면을 밀며 먹이를 찾는다.

넓적부리도요는 부리가 특이하게 생겨서 먹이를 찾을 수 있는 곳이 다른 도요들보다 적다.

옆모습을 보면 넓적한 부리가 보이지 않아 넓적부리도요를 못 알아보는 때가 많다.

들과 마찬가지로 넓적부리도요도 서해안 갯벌에 온답니다.

그런데 넓디넓은 서해안 갯벌이 매립되면서 먹이를 먹고 쉴 공간이 줄어들어 넓적부리도요의 수도 심각할 정도로 줄었어요. 새를 연구하는 사람들은 지구상에 살아 있는 넓적부리도요가 300쌍도 안 될 것으로 미루어 짐작하고 있어요. 그래서 넓적부리도요를 멸종위기종으로 지정하고, 한국과 일본, 러시아 등 여러 나라들이 정보를 주고 받으며 넓적부리도요가 지구에서 완전히 사라지는 것을 막기 위해 노력하고 있어요.

팔색조
예쁜 새 뽑기 대회는 없나요?

　한여름 무더위를 피하기 위해 숲이 우거진 계곡으로 갔어요. 계곡에 들어서자 시원하다 못해 서늘했어요. 햇빛이 잘 들지 않아 어둑어둑한 계곡에는 촉촉한 물기를 머금은 이끼들이 초록색 카펫을 깔아 놓은 듯 바위를 덮었고, 사람들이 다녀간 흔적이 전혀 없었죠.
　경사가 급하기도 하고, 이끼가 잔뜩 끼어 미끄럽기도 해서 가만히 앉아 쉬었죠. 그런데 '호잇 호잇' 하고 호루라기 소리도 아니고 휘파람 소리도 아닌 소리가 들렸어요. 눈을 크게 뜨고 주위를 샅샅이 살폈지만 아무것도 보이지 않았죠.
　잘못 들었나 싶어 계곡을 빠져 나오려는데, 또 '호잇 호잇' 하는 소리가 들렸어요. 그리고 나무 사이로 무엇인가 날아가는 게 얼핏 보이다가 사라졌어요. 분명히 새예요. 못 듣던 새 소리라서 무슨 새인지 꼭 확인해야겠다는 생각이 들었죠. 무작정 기다리기로 했어요. 기다리기는 아줌마의 특기거든요. 모기가 달려들어 팔과 다리를 사정없이 물었지만 모기한테 질 수는 없죠.
　얼마를 기다렸을까, 드디어 계곡으로 삐죽이 나온 나뭇가지에 새가 날아와 앉았어요. 얼른 쌍안경을 그 새에 맞추었어요. 모기한테 물리며 기다린 보람이 있었어요. 팔색조를 봤거든요.
　팔색조는 정말 예쁜 새예요. 초록색 날개와 붉은 배가 선명하죠. 부리는 검고, 검은 눈선이 있어요. 꼬리는 아주 짧고요.

새끼들에게 먹이를 먹이고 주변을 살피며 경계하는 모습.

팔색조 (천연기념물 204호, 멸종위기야생동물 Ⅱ급)

몸 길이 18cm
사는 곳 어둡고 습한 원시림
나타나는 때 여름

흰 바탕에 자줏빛이 나는 알을 4~6개 낳는다.

둥지 아랫부분은 나뭇가지로 튼튼하게 짓고, 윗부분은 이끼로 덮어 주변 환경과 비슷하게 만든다. 그리고 12일 정도 알을 품는다.

새끼들은 지렁이와 곤충 애벌레 등 영양가 높은 먹이를 먹으며 무럭무럭 자란다.

날개가 잘 발달하지 않은 채 둥지를 떠나기 때문에 보통 땅 위나 옆의 나뭇가지로 뛰어내린다. 그리고 껑충껑충 뛰면서 어미를 따라간다.

부리에 지렁이를 가득 문 걸 보니 새끼를 키우는 게 분명해요. 팔색조는 한참 주변을 살피다가 나무 사이로 사라졌어요. 팔색조가 앉은 나뭇가지 근처에 둥지가 있는 것 같아 주변을 천천히 살펴보았어요.

숲에 큰 바위가 하나 있는데, 바위 중간쯤에 나뭇가지와 이끼가 쌓인 곳이 보였어요. 쌍안경으로 살펴보니 둥지였죠. 팔색조가 날아와 그 곳에 앉자 시끄러운 소리가 났어요. 새끼들이 먹이를 달라고 어미에게 떼쓸 때 내는 소리예요.

어미는 앞에서 부리를 제일 크게 벌린 새끼에게 지렁이를 먹이고는 잠시 기다렸다가 닭똥보다 큰 새끼의 똥을 물고 다시 어디론가 사라졌어요. 새끼들은 둥지에서 깃털을 다듬기도 하고, 등을 쭉 펴기도 하면서 어미를 기다렸어요. 예쁜 팔색조 네 마리가 잘 자라기 바라며 계곡을 빠져 나왔어요.

두견이
얌체 엄마의 새끼 기르기

 여름이 오면 새들은 짝을 찾기 위해 아름다운 소리로 목청을 높이며 산과 들을 누비고, 아줌마는 새들을 쫓아 산과 들을 누벼요.
 키 작은 나무와 키 큰 나무가 어우러진 숲에 이르자, 휘파람새가 지저귀는 소리가 숲에 가득했어요. 맑고 경쾌한 휘파람새 소리는 산들바람처럼 시원하죠. 그 때 이상한 소리가 나더니 휘파람새 소리가 싹 사라졌어요.
 '무슨 소리지?'
 소리가 난 쪽으로 가 보았어요. 소나무 꼭대기에 새 한 마리가 앉아 있었죠. 쌍안경으로 보니 뻐꾸기처럼 생겼는데, 몸집이 뻐꾸기보다 작았어요. 두견이가 알 낳을 둥지를 찾는 거예요.
 근처에 휘파람새 둥지가 있는 게 틀림없어요. 아줌마는 숲 속으로 들어갔어요. 키 작은 나무와 덩굴들이 엉켜서 들어가기 힘들었지만, 아줌마가 예상한 대로 키 작은 나무에 마른 풀로 만든 둥지가 있었어요. 어미 새가 없는 것을 확인하고 둥지 안을 들여다보았죠. 진한 갈색 알이 다섯 개나 있는데, 알 하나가 약간 커 보였어요. 그리 큰 차이는 아니지만요.
 2주 정도 지나 다시 그 곳에 가 보았어요. 둥지에 다가가면 어미 새를 방해할 것 같아 좀 떨어져 관찰했어요. 가만히 앉아 있으니 휘파람새가 부리에 먹이를 물고 둥지로 들어갔어요. 새끼가 알에

높은 나무 꼭대기에 앉아 알 낳은 남의 둥지를 살피는 모습.

두견이 (천연기념물 447호)

몸 길이 27~28cm
사는 곳 숲
나타나는 때 여름

휘파람새 둥지에 알을 낳았다. 두견이 알은 휘파람새 알보다 먼저 부화한다.

먼저 부화한 두견이 새끼는 이틀 정도 지나면 옆에 있는 휘파람새 알을 등으로 밀어 둥지 밖으로 떨어뜨린다.

휘파람새는 덩치 큰 두견이를 건강한 새끼라고 생각해서 곤충이나 거미 등을 부지런히 잡아다 먹인다.

새끼가 자라면서 둥지가 비좁아져 둥지를 떠나서도 휘파람새 어미에게 먹이를 받아 먹으며 자연에서 살아남는 방법을 터득한다.

서 깬 모양이에요.

　며칠 뒤 다시 그 곳을 찾았어요. 어미 새는 열심히 먹이를 물어 날랐어요. 어미가 먹이를 구하러 나간 사이, 둥지를 살짝 들여다보았어요. 세상에! 새끼 한 마리가 둥지를 꽉 채운 게 아니겠어요? 새끼가 어미보다 덩치가 컸어요.

　그럴 수밖에 없는 것이, 휘파람새가 키우는 것은 두견이 새끼거든요. 두견이가 휘파람새 둥지에 몰래 알을 낳은 거예요. 약간 커 보인 알이 두견이 알이었나 봐요.

　알에서 깬 두견이 새끼는 둥지 안에 있던 휘파람새의 알들을 등으로 밀쳐 내고 먹이를 독차지해요. 휘파람새는 부리를 크게 벌리고 먹이를 달라며 보채는 두견이 새끼를 자기 새끼로 알고 열심히 먹이를 물어다 먹이고요.

　두견이 새끼는 휘파람새가 자기를 기른 정을 알까요? 두견이의 행동은 얌체 같지만 자연에서 살아남기 위해 어쩔 수 없이 선택한 방법이겠죠. 휘파람새든 두견이든 자연에서는 모두 소중한 존재니까요.

저어새
부리로 저어 물고기를 잡아요

썰물 때가 되어 물이 빠진 바닷가 모래밭에서 할머니가 조개를 캐고 계셨어요. 할머니 가까이에서 저어새가 물 속에 부리를 넣고 휘휘 저어 가며 먹이를 찾는 모습이 보였죠. 사람을 무척 꺼리는 저어새가 할머니 곁에서 태연하게 먹이를 찾는 걸 보니 서로 익숙한가 봐요.

아줌마는 저어새를 가까이에서 관찰할 욕심에 할머니 흉내를 내기로 했어요. 머리에 수건을 두르고 호미와 소쿠리를 들고 조개 캐는 시늉을 하며 오리 걸음으로 저어새에게 다가갔어요. 쪼그리고 앉아 다리가 저렸지만 일어설 수가 없었죠. 꾹 참고 호미로 모래를 긁는 척하며 저어새를 살폈어요.

저어새는 몸 전체가 희고, 부리와 다리만 검어요. 어린 새는 날개 끝이 검고, 부리는 약간 분홍빛을 띠고요. 저어새는 걸어다니며 먹이를 찾았어요. 그리고 먹이가 잡히면 부리 안으로 던져 넣어 꿀꺽 삼켰죠. 물고기를 주로 잡아먹었고, 새우도 먹었어요. 게도 잡았는데, 먹기 불편한지 다리를 떼어 내고 꿀꺽 삼키더군요.

저어새의 부리는 주걱 모양이에요. 그렇게 생긴 부리로 먹이를 잡아먹으며 사는 게 참 신기해요. 부리 모양 때문에 저어새가 살 수 있는 곳은 많지 않아요. 물이 깊어도 안 되고, 없어도 안 되죠. 그런데 요즘 바닷가를 매립하거나 둑을 만들어 물을 가둬서 저어

번식기가 되어 뒷머리의 장식깃과 목이 노랗게 변해 가는 모습.

저어새 (천연기념물 205-1호, 멸종위기야생동물 Ⅰ급)

몸 길이 73~81cm
사는 곳 강 하구, 갯벌, 논
나타나는 때 1년 내내

저어새는 주걱 모양 부리를 물 속에서 저어가며 먹이를 잡는다. 자기 다리보다 얕은 물을 좋아한다.

우리 나라 서해안 비무장 지대에 있는 바위섬에서 번식을 한다. 나뭇가지나 마른 풀 줄기로 둥지를 만든다.

저어새는 집단으로 번식하기 때문에 적을 방어하기에 유리하다. 쉴 때도 모여 있다.

겨울이 되면 장식깃과 목의 노란색이 없어져 온몸이 하얗다.
해마다 제주도 성산포와 하도리에서 20여 마리가 겨울을 지낸다.

새가 먹이를 잡을 수 있는 곳이 사라져 가요.

저어새는 사람들을 무척 꺼리기 때문에 사람들이 마음대로 드나들 수 없는 비무장 지대의 섬에서만 번식을 한답니다. 현재 전세계에 2000여 마리밖에 남아 있지 않아요. 그래서 우리 나라뿐만 아니라 일본, 대만, 홍콩 등 저어새가 사는 나라에서는 서로 협력하며 저어새를 보호하기 위해 노력하고 있어요.

모래밭에서 한참 먹이를 잡아먹던 저어새는 배가 부른지 근처 갯바위에서 깃털을 다듬고, 하늘로 날아올랐어요. 몸빛이 모두 하얀 어미 새와 날개 끝이 검은 어린 새가 구름 한 점 없이 파란 하늘에 목을 쭉 빼고 나는 모습이 환상적이었어요. 아줌마는 저어새의 아름다운 비행을 언제까지나 볼 수 있으면 좋겠어요.

삼광조
나뭇가지에 깔때기가 달렸네

삼광조는 우리 나라에 번식을 하러 오는 여름 철새예요. 5월 말부터 깊은 숲 속이나 계곡에 둥지를 틀고 번식하지요. 그런데 워낙 깊은 숲 속에 둥지를 틀고, 눈에 잘 띄지 않기 때문에 삼광조를 보는 것은 하늘의 별 따기처럼 어려워요.

아줌마는 숲 속으로 새를 관찰하러 갔다가 운 좋게 삼광조와 그 둥지까지 본 적이 있어요. 숲 속으로 난 오솔길을 따라 가다가 힘들고 배고파서 길가에 앉아 쉬며 도시락을 먹을 때였어요.

꼬리가 긴 삼광조 수컷이 아줌마 주변을 날아다니며 경계음을 내는 거예요. 잠시 후 꼬리가 짧고 등과 꼬리가 갈색인 암컷도 나타났어요. 그렇게 찾아다녀도 볼 수 없던 녀석들이 아줌마 눈앞에 스스로 나타났으니 행운이죠.

수컷과 암컷이 아줌마를 경계하며 주변을 날아다니는 것으로 보아 근처에 둥지가 있는 게 틀림없어요. 아줌마는 주변에 있는 나무를 살펴보았어요. 삼광조는 보통 'Y' 자 형 나무 줄기나 덩굴 사이에 둥지를 틀기 때문에 둥지 틀 만한 나무들을 더 꼼꼼히 살폈어요. 그런데 전혀 예상하지 못한 곳에서 둥지를 발견했어요. '1' 자 형 가지에 둥지가 붙어 있는 거예요. 이끼와 나무껍질을 거미줄로 붙여 만든 아주 작은 둥지인데, 둥지 재료가 주변 환경과 비슷해서 눈에 잘 띄지 않았죠.

푸른색 눈테와 부리가 눈에 띈다.

삼광조 (멸종위기야생동물 Ⅱ급)

몸 길이 암컷 18cm, 수컷 45cm
사는 곳 숲
나타나는 때 여름

나무껍질과 거미줄로 만든 둥지에서 새끼들이 어미를 기다린다. 보통 흰색 알을 3~4개 낳고 새끼를 기른다.

삼광조는 암수가 알 품기부터 새끼 먹이기까지 같이 한다.

둥지를 떠난 새끼의 모습은 어미 새와 많이 다르다. 날개가 발달하지 않았고, 눈테가 없다. 어미는 새끼들을 데리고 다니며 자연에 적응하는 방법을 가르친다.

삼광조 수컷은 꼬리가 아주 길다. 그리고 날아다니면서 '히 요 이 호이호이' 하고 우는데, 이 소리가 일본어로 해, 달, 별과 비슷해 삼광조라는 이름이 붙었다.

아줌마는 멀찍이 떨어진 곳에 몸을 숨기고 쌍안경으로 둥지를 살폈어요. 둥지에서 새끼 네 마리가 날갯짓 연습을 하는 게 보였어요. 어미가 부리에 나방과 다른 곤충을 물고 와서 새끼에게 먹이고, 똥을 물고 둥지를 나가는 것도 보였죠.

다음 날 그 곳에 다시 가 보았더니 둥지에 새끼들이 없었어요. 둥지가 위험해졌다고 생각한 어미가 새끼들을 더 일찍 데리고 둥지를 떠났나 봐요.

사라져 가는 새들

예전에는 아주 흔하던 새들이 지금은 지구상에서 사라질 위기에 처한 경우가 많아요. 특히 넓은 서식 공간이 필요한 맹금류와 특수한 서식지에서만 살 수 있는 종들이 빠르게 사라지고 있어요. 새들이 살아가는 곳을 마구 파헤치거나, 농약을 많이 쓰기 때문이에요. 새들이 사라진다는 것은 사람에게도 좋은 일이 아니에요. 그만큼 자연 환경이 파괴되고 오염되어 간다는 증거니까요.

그나마 다행스러운 일은 멸종 위기에 처한 새들을 보호하기 위해 여러 가지 노력을 한다는 거예요. 우리 나라에서는 천연기념물이나 멸종위기야생동물로 지정하여 함부로 잡아 죽이거나 서식지를 훼손하지 못하도록 엄격하게 규제하고 있어요. 국제적으로는 멸종 위기종의 목록을 작성하여 이 종들이 사는 나라들이 네트워크를 형성하여 정보를 교환하기도 하고, 보호하기 위한 일을 함께 하기도 하죠.

이렇게 새를 보호하기 위해 특정 단체나 사람들이 노력하는 것도 중요하지만, 우리의 작은 관심이 더 중요해요. 작은 힘이 모인다면 엄청난 힘을 발휘하여 죽어 가는 자연과 사라지는 새들을 다시 소생시킬 수 있으리라 믿어요.

천연기념물(조류 46종)

번호	이름	번호	이름
197호	크낙새	323-4호	새매
198호	따오기	323-5호	알락개구리매
199호	황새	323-6호	잿빛개구리매
200호	먹황새	323-7호	매
201-1호	고니	323-8호	황조롱이
201-2호	큰고니	324-1호	올빼미
201-3호	혹고니	324-2호	수리부엉이
202호	두루미	324-3호	솔부엉이
203호	재두루미	324-4호	쇠부엉이
204호	팔색조	324-5호	칡부엉이
205-1호	저어새	324-6호	소쩍새
205-2호	노랑부리저어새	324-7호	큰소쩍새
206호	느시	325-1호	개리
215호	흑비둘기	325-2호	흑기러기
228호	흑두루미	326호	검은머리물떼새
242호	까막딱다구리	327호	원앙
243-1호	독수리	361호	노랑부리백로
243-2호	검독수리	446호	뜸부기
243-3호	참수리	447호	두견이
243-4호	흰꼬리수리	448호	호사비오리
323-1호	참매	449호	호사도요
323-2호	붉은배새매	450호	뿔쇠오리
323-3호	개구리매	451호	검은목두루미

환경부 지정 멸종위기야생동물 Ⅰ급(조류 13종)

혹고니	참수리
넓적부리도요	흰꼬리수리
청다리도요사촌	노랑부리백로
두루미	노랑부리저어새
크낙새	저어새
매	황새
검독수리	

환경부 지정 멸종위기야생동물 Ⅱ급(조류 48종)

가창오리	검은목두루미	잿빛개구리매
개리	시베리아흰두루미	조롱이
고니	재두루미	참매
붉은가슴흰죽지	흑두루미	큰말똥가리
큰고니	뜸부기	털발말똥가리
큰기러기	까막딱다구리	항라머리검독수리
호사비오리	비둘기조롱이	흰죽지수리
흑기러기	새호리기	긴점박이올빼미
흰이마기러기	쇠황조롱이	수리부엉이
검은머리갈매기	개구리매	올빼미
적호갈매기	독수리	삼광조
검은머리물떼새	말똥가리	뿔종다리
알락꼬리마도요	물수리	팔색조
흰목물떼새	벌매	붉은해오라기
뿔쇠오리	솔개	큰덤불해오라기
느시	알락개구리매	먹황새

그 밖의 멸종위기새들

고니 (천연기념물 201-1호, 멸종위기야생동물 Ⅱ급)

몸 길이 115~130cm
사는 곳 저수지, 강, 호수
나타나는 때 겨울

몸빛이 희고, 부리는 검은색이며, 부리기부의 노란 부분이 좁다. 어린 새는 몸빛이 회갈색이다. 지상이나 수면에서 날개를 퍼덕거리고 발로 차듯이 뛰어가며, 먼 거리를 활주한다.

큰고니
(천연기념물 201-2호, 멸종위기야생동물 Ⅱ급)

몸 길이 140~145cm
사는 곳 저수지, 강, 호수
나타나는 때 겨울

우리가 흔히 '백조' 라고 아는 새다. 몸빛이 희고, 부리 끝과 다리는 검다. 부리기부의 노란 부분이 고니에 비해 넓다. 긴 목을 물 속에 넣고 바닥에서 풀뿌리를 캐 먹는다.

노랑부리저어새
(천연기념물 205-2호, 멸종위기야생동물 Ⅰ급)

몸 길이 80~95cm
사는 곳 강 하구, 갯벌, 저수지
나타나는 때 겨울

몸이 전체적으로 희다. 주걱처럼 생긴 부리는 끝이 노랗고, 눈이 뚜렷하게 보인다. 부리로 물 속을 좌우로 저으며 물고기나 갑각류 등의 먹이를 찾는다.

그 밖의 멸종위기새들

흑기러기
(천연기념물 325-2호, 멸종위기야생동물 Ⅱ급)

몸 길이 55~63cm
사는 곳 강 하구, 바닷가
나타나는 때 겨울

몸빛이 검고, 목의 흰 띠가 눈에 띈다. 혼자 다니거나 작은 무리를 이뤄 생활한다. 물 위에 있는 해초를 먹으며, 암초 위에서 쉬기도 한다.

노랑부리백로
(천연기념물 361호, 멸종위기야생동물 Ⅰ급)

몸 길이 65~68cm
사는 곳 갯벌, 강 하구, 바닷가
나타나는 때 여름

부리가 노란색이다. 번식기가 되면 뒷머리에 장식깃이 많이 생긴다. 다리가 검고, 발가락은 노랗다. 얕은 물에서 물고기나 갑각류를 잡아먹는다.

호사비오리
(천연기념물 448호, 멸종위기야생동물 Ⅱ급)

몸 길이 52~60cm
사는 곳 개울, 호수, 저수지
나타나는 때 겨울

머리에 길게 뻗은 댕기깃과 옆구리에 있는 비늘 무늬가 특징이다. 눈이 검고, 붉은 부리는 끝이 노랗다. 잠수하여 물고기를 사냥한다.

큰기러기 (멸종위기야생동물 Ⅱ급)

몸 길이 78~90cm
사는 곳 호수, 저수지, 강, 논
나타나는 때 겨울

검은 부리는 끝이 주황색이다. 몸빛은 전체적으로 어두운 갈색을 띠며, 배는 회갈색이다. 수확이 끝난 논에서 낟알을 주워 먹는다.

두루미 (천연기념물 202호, 멸종위기야생동물 Ⅰ급)

몸 길이 138~145cm
사는 곳 농경지, 습한 풀밭
나타나는 때 겨울

몸빛이 희며, 턱과 목, 날개 일부분은 검고, 머리꼭대기가 붉은색이다. 수확이 끝난 논에서 떨어진 낟알을 주워 먹는다.

검은머리갈매기 (멸종위기야생동물 Ⅱ급)

몸 길이 29~32cm
사는 곳 갯벌, 강 하구
나타나는 때 1년 내내

부리가 짧고 검으며, 다리는 검붉다. 물이나 갯벌 위를 날다가 갯지렁이, 갑각류 등 먹이가 보이면 재빨리 내려앉아 부리로 잡는다.

그 밖의 멸종위기새들

알락꼬리마도요 (멸종위기야생동물 Ⅱ급)

몸 길이 58~64cm
사는 곳 갯벌, 강 하구, 바닷가
나타나는 때 봄, 가을

부리가 가늘고 아래로 휘었다. 몸빛은 갈색을 띠며, 아랫배와 아래꼬리덮깃도 갈색이다. 길고 휜 부리로 갯벌이나 갯바위에 숨어 있는 게, 새우 등을 잡아먹는다.

붉은해오라기 (멸종위기야생동물 Ⅱ급)

몸 길이 49cm
사는 곳 숲이나 근처 습지
나타나는 때 불규칙함

몸은 붉은빛이 도는 갈색이며, 눈 앞은 푸른빛을 띤 노란색이다. 앞목 중앙에 어두운 갈색 줄무늬가 있으며, 다른 해오라기에 비해 부리가 짧다. 삼나무, 소나무 등 침엽수를 좋아한다.

검은머리물떼새
(천연기념물 326호, 멸종위기야생동물 Ⅱ급)

몸 길이 43~46cm
사는 곳 바닷가, 갯벌
나타나는 때 1년 내내

몸의 검은색과 흰색이 뚜렷하며, 부리와 다리, 눈은 붉다. 다른 도요물떼새들보다 부리가 굵고 길다. 갯벌에서 연체동물, 게, 갯지렁이 등을 잡아먹는다.

찾아보기

가

가마우지 • 074
가창오리 • 380
갈까마귀 • 291
갈매기 • 190
갈색얼가니새 • 337
갈색제비 • 336
개개비 • 290
개개비사촌 • 360
개꿩 • 139
개똥지빠귀 • 370
검은가슴물떼새 • 139
검은댕기해오라기 • 312
검은딱새 • 369
검은머리갈매기 • 417
검은머리물떼새 • 418
검은머리촉새 • 217

검은머리흰죽지 • 093
고니 • 415
고방오리 • 118
곤줄박이 • 372
괭이갈매기 • 178
구레나룻제비갈매기 • 186
굴뚝새 • 196
귀제비 • 336
긴꼬리때까치 • 266
긴발톱멧새 • 219
긴발톱할미새 • 368
긴부리도요 • 173
까마귀 • 291
까치 • 272
깝작도요 • 172
꺅도요 • 162

찾아보기 **419**

꼬까도요 • 169
꼬까참새 • 217
꼬마물떼새 • 134
꿩 • 250

나

넓적부리 • 116
넓적부리도요 • 392
노랑눈썹멧새 • 216
노랑때까치 • 267
노랑발갈매기 • 191
노랑발도요 • 172
노랑부리백로 • 416
노랑부리저어새 • 415
노랑턱멧새 • 216
노랑할미새 • 368
녹색비둘기 • 288
논병아리 • 070

다

댕기물떼새 • 122
댕기흰죽지 • 078
덤불해오라기 • 312

독수리 • 062
동박새 • 208
되지빠귀 • 238
두견이 • 400
두루미 • 417
뒷부리도요 • 171
딱새 • 200
때까치 • 262
떼까마귀 • 284

마

마도요 • 174
말똥가리 • 052
매 • 040
메추라기도요 • 167
멧도요 • 175
멧비둘기 • 254
멧새 • 212
목도리도요 • 170
무당새 • 217
물꿩 • 298
물닭 • 082
물때까치 • 266
물수리 • 044

물총새 • 356
민댕기물떼새 • 139
민물가마우지 • 092
민물도요 • 146
밀화부리 • 373

바

바늘꼬리도요 • 175
바다비오리 • 094
바다쇠오리 • 086
바다제비 • 336
바다직박구리 • 238
박새 • 204
발구지 • 117
방울새 • 220
밭종다리 • 369
백할미새 • 369
벙어리뻐꾸기 • 289
북방검은머리쑥새 • 219
분홍찌르레기 • 240
붉은가슴도요 • 168
붉은갯도요 • 168
붉은머리오목눈이 • 371
붉은발도요 • 170

붉은배새매 • 063
붉은부리갈매기 • 190
붉은부리찌르레기 • 240
붉은부리큰제비갈매기 • 192
붉은뺨멧새 • 218
붉은어깨도요 • 168
붉은왜가리 • 249
붉은해오라기 • 418
비둘기조롱이 • 064
비오리 • 094
뻐꾸기 • 289
뿔논병아리 • 092
삑삑도요 • 158

사

산솔새 • 239
삼광조 • 408
새매 • 063
새호리기 • 064
세가락갈매기 • 190
세가락도요 • 150
소쩍새 • 056
솔개 • 062
솔딱새 • 370

솔부엉이 • 066
송곳부리도요 • 169
쇠가마우지 • 093
쇠기러기 • 344
쇠물닭 • 352
쇠박새 • 372
쇠백로 • 244
쇠부리도요 • 174
쇠부엉이 • 065
쇠붉은뺨멧새 • 218
쇠솔딱새 • 370
쇠솔새 • 239
쇠오리 • 117
쇠유리새 • 237
쇠제비갈매기 • 192
쇠찌르레기 • 373
쇠청다리도요 • 171
쇠황조롱이 • 065
수리부엉이 • 066
숲새 • 290
습새 • 320
쏙독새 • 314

아

아비 • 091
알락꼬리마도요 • 418
알락도요 • 171
알락쇠오리 • 095
알락오리 • 110
알락할미새 • 368
알락해오라기 • 308
어치 • 268
염주비둘기 • 288
오목눈이 • 371
왕눈물떼새 • 138
왜가리 • 248
울새 • 224
원앙 • 098

자

장다리물떼새 • 130
재갈매기 • 182
재두루미 • 384
저어새 • 404
제비 • 328
제비딱새 • 371
조롱이 • 063

좀도요 • 142
종다리 • 236
종달도요 • 167
중대백로 • 248
중백로 • 248
중부리도요 • 174
지느러미발도요 • 169
직박구리 • 258
진박새 • 372
진홍가슴 • 237
찌르레기 • 364

차

참매 • 062
참새 • 290
청다리도요 • 154
청둥오리 • 116
청머리오리 • 117
청호반새 • 236
촉새 • 218
칡때까치 • 267

카

칼새 • 324
큰고니 • 415
큰군함조 • 332
큰기러기 • 417
큰깍도요 • 175
큰뒷부리도요 • 173
큰말똥가리 • 064
큰물떼새 • 126
큰부리까마귀 • 291
큰부리도요 • 173
큰소쩍새 • 066
큰오색딱다구리 • 340
큰왕눈물떼새 • 138
큰유리새 • 237
큰재갈매기 • 191
큰재개구마리 • 266
큰회색머리아비 • 091

파

파랑새 • 276
팔색조 • 396

하

학도요 • 170
항라머리검독수리 • 048
해오라기 • 312
호랑지빠귀 • 280
호반새 • 236
호사도요 • 294
호사비오리 • 416
혹부리오리 • 106
홍머리오리 • 118
홍비둘기 • 288
황금새 • 228
황로 • 348
황새 • 376
황오리 • 116
황조롱이 • 065
회색머리아비 • 091
후투티 • 289

휘파람새 • 232
흑기러기 • 416
흑꼬리도요 • 172
흑두루미 • 388
흑로 • 304
흰갈매기 • 191
흰꼬리좀도요 • 167
흰날개해오라기 • 313
흰눈썹황금새 • 239
흰물떼새 • 138
흰배멧새 • 216
흰배지빠귀 • 238
흰부리아비 • 092
흰뺨검둥오리 • 102
흰뺨오리 • 094
흰죽지 • 093
힝둥새 • 240